梅本堯夫・大山 正 監修 **1** コンパクト新心理学ライブラリ

心理学
第2版

心のはたらきを知る

梅本堯夫・大山　正
岡本浩一・高橋雅延　共著

サイエンス社

監修のことば

　心理学をこれから学ぼうという人の中には，おうおうにして先入観をもっている人が多い。それは，たいていマスコミで取り上げられることの多いカウンセリングや深層心理の問題である。心理学といえば，それだけを扱うものであるという誤解が生まれやすいのは，それらの内容が青年期の悩みに，すぐに答えてくれるように思われるからであろう。それらの臨床心理の問題も，もちろん，心理学の中で重要な問題領域であるが，心を研究する科学としての心理学が扱う問題は，もちろんそれだけではない。

　人間は環境の中で生きていくために，環境の事物をよく見たり，聞いたりしなければならないし，欲望を満足させるために行動しなければならないし，行動して得た貴重な経験は生かされなければならない。心は，考えたり，喜んだり，泣いたり，喧嘩したり，恋愛をしたりという，人間のあらゆる活動で働いている。大人の心だけではなく，子どもの心も知らなければならない。人はそれぞれ違った性格をもっているし，社会の中で生きていくためには人間関係がどのようになっているかも知らなければならない。

　心理学は実に豊富な内容をもっていて，簡単にこれだけが心理学であるというわけにはいかない。『吾輩は猫である』という作品一つで，夏目漱石とは，こういう作家であるといえないようなものである。夏目漱石を知ろうと思えば，漱石全集を読む必要がある。

　それと同じように心理学とはなにかということを理解するためには，知覚心理学も発達心理学も性格心理学も社会心理学も臨床心理学も，およそのところを把握する必要がある。

　われわれがさきに監修した「新心理学ライブラリ」は，さいわい世間で好意的に受け入れられ，多くの大学で教科書として採用していただいた。しかし近年，ますます大学で学ばなければならない科目は増加しており，心理学のみにあまり長い時間をかける余裕はなくなってきた。そこで，今回刊行する，心理学の各領域のエッセンスをコンパクトにまとめた「コンパクト新心理学ライブラリ」は現代の多忙な大学生にとって最適のシリーズであると信じる。

　　　　　　　　　　　　　　　　　　監修者　梅本堯夫
　　　　　　　　　　　　　　　　　　　　　　大山　正

第2版へのはしがき

　本書は初版刊行以来，好評を得て多くの大学で教科書として採用され，増刷も21刷を数えるに至った。その間，心理学の進歩も著しく，対象となる領域も拡大している。また誠に残念なことに筆頭著者である梅本堯夫先生が逝去された。

　今回，次のような点に留意して改訂を行った。1章では心理学史解説の部分に日本における近代的心理学の受容過程の解説を追加した。2章では色覚に関する解説をよりいっそう充実させた。梅本先生担当の3，4章については，梅本先生の薫陶を受けた高橋雅延が，近年重要度が増している事項や初版刊行後に得られた成果について解説を加えた。5章については，色彩の感情効果について解説を加え，情動の生理学的基礎について，新たに臼井信男に加わってもらいTopicを追加した。

　また，より上級の学習への橋渡しとなるよう主要心理学術語の英綴りを脚注として示し，各章末の参考図書についても新しくした。

　さらに，従来「被験者」と呼ばれてきた実験に協力した人々の人権に配慮して「実験参加者」と訂正した。

　本文体裁も刷新し，より見やすい3色刷とした。

　本書が旧版以上に広く，心理学の入門コースの教科書として愛用されることを期待したい。

　最後に，この改訂に際してのサイエンス社の清水匡太，佐藤佳宏両氏のご尽力に深謝したい。

2014年3月

著 者 一 同

初版へのはしがき

　「コンパクト新心理学ライブラリ」の第1巻として，ここに本書を刊行することができるのは，シリーズの監修者として大きな喜びである。さきに刊行された『心理学への招待』(「新心理学ライブラリ」第1巻)は，さいわい好評をもって迎えられ，多くの大学で教科書として採用して頂いた。

　しかし，心理学入門は，これから心理学を専攻しようとする人たちだけではなく，ほかの分野に進もうとする人たちにとっても必要な科目であるが，大学で学習を要求される科目はますます増加してきており，1科目にみっちり時間をかけてやれる余裕がだんだんなくなってきた。ときには1年かけないで，半年で心理学を習得する必要すら生じている。

　本書はコンパクトの名にふさわしく，このような状況に対応して，できるだけ簡明に重要な事項を選択的に記述し，心理学の勉強が集中的にできるように心がけた。著者は『心理学への招待』の編著者であった梅本堯夫と大山　正のほかに，発達，性格，社会心理学の分野の担当として新たに岡本浩一に加わってもらった。

　本書がめざすのは，簡明な記述ではあるが，おざなりの古い知識ではなく，できるだけ新しい知見を盛り込むようにし，心理学への興味が起こるようにした。はじめて心理学を学ぶ人でカウンセリングや心理療法だけが心理学だと誤解している人にとっては，心理学がこんなに内容が広くて深いのに驚くかもしれない。しかし，ここに書いてあることは心理学の各領域の基礎的なことなので，それぞれの分野のより詳しいことを知りたい人は，本ライブラリにある，それぞれの分野のより専門的な本を，読んで頂きたい。

サイエンス社の清水匡太,小林あかねの両氏には大変お世話になった。

1999 年 10 月

著 者 一 同

目　次

第2版へのはしがき …………………………………………………… i
初版へのはしがき ……………………………………………………… iii

1章　歴史と方法　　1

心理学とは ……………………………………………………… 2
心理学の歴史 …………………………………………………… 4
心理学の方法 …………………………………………………… 10
◆ 参 考 図 書 ……………………………………………………… 18

2章　感覚と知覚　　21

感覚と知覚 ……………………………………………………… 22
感覚の一般的性質 ……………………………………………… 22
色覚の場合 ……………………………………………………… 28
知　　覚 ………………………………………………………… 32
空 間 知 覚 ……………………………………………………… 36
運動の知覚 ……………………………………………………… 40
◆ 参 考 図 書 ……………………………………………………… 44

3章　学習と記憶　　45

学　　習 ………………………………………………………… 46
学習の成立 ……………………………………………………… 48
古典的条件づけ ………………………………………………… 50
馴　　化 ………………………………………………………… 52
条件性抑制（制止） …………………………………………… 54
情動条件づけ …………………………………………………… 54
試行錯誤学習 …………………………………………………… 56

オペラント条件づけ（道具的条件づけ） …………………………… 56
学習と強化 ……………………………………………………………… 58
賞　　罰 ………………………………………………………………… 60
反 応 形 成 ……………………………………………………………… 62
般化と弁別 ……………………………………………………………… 62
反　　復 ………………………………………………………………… 64
観察学習（モデリング） ……………………………………………… 66
記　　憶 ………………………………………………………………… 68
記憶の時間的過程 ……………………………………………………… 70
記憶の種類 ……………………………………………………………… 74
顕在記憶と潜在記憶 …………………………………………………… 78
記憶の測定 ……………………………………………………………… 80
記憶のゆがみ …………………………………………………………… 82
記憶の相互干渉 ………………………………………………………… 82
忘 却 説 ………………………………………………………………… 84
記 憶 術 ………………………………………………………………… 84
◆ 参 考 図 書 …………………………………………………………… 86

4章　意識・思考・言語　　89

意　　識 ………………………………………………………………… 90
問題解決と思考 ………………………………………………………… 92
関係把握と推論 ………………………………………………………… 94
表象と概念 ……………………………………………………………… 94
概 念 学 習 ……………………………………………………………… 98
言　　語 ………………………………………………………………… 100
◆ 参 考 図 書 …………………………………………………………… 104

5章　動機づけと情動　　105

動機づけと情動 ………………………………………………………… 106
動 機 づ け ……………………………………………………………… 108

動機と行動 …………………………………………………… 116
情　動 …………………………………………………………… 118
◆ 参 考 図 書 ……………………………………………………… 134

6章 発　達　135

刻印づけ（刷り込み，インプリンティング）…………… 136
臨 界 期 ………………………………………………………… 138
マザリング …………………………………………………… 140
母 性 剥 奪 …………………………………………………… 140
遺伝と環境 …………………………………………………… 142
ピアジェの認知発達の理論 ………………………………… 144
エリクソンの心理社会的発達課題 ………………………… 146
コールバーグの道徳性発達理論 …………………………… 148
生涯発達の視点 ……………………………………………… 150
◆ 参 考 図 書 ……………………………………………………… 152

7章 性　格　153

類型と特性 …………………………………………………… 154
ビッグ・ファイブ …………………………………………… 156
タイプAとタイプC ………………………………………… 158
権威主義的人格 ……………………………………………… 160
フロイトの人格観 …………………………………………… 162
投影テスト …………………………………………………… 164
ギルフォードの性格因子論と
　　　　　矢田部-ギルフォード性格テスト ……………… 166
性別アイデンティティ ……………………………………… 168
気　質 ………………………………………………………… 170
◆ 参 考 図 書 ……………………………………………………… 174

8章 対人関係　　175

- 対人魅力 …………………………………………… 176
- 恋愛の始まりと終焉 ………………………………… 178
- リーダーシップ ……………………………………… 180
- 説得のテクニックとその理論 ……………………… 182
- 攻撃行動の代理学習説 ……………………………… 184
- 援助行動（社会的干渉）…………………………… 186
- 社会的促進と社会的手抜き ………………………… 188
- 集団と集団，集団と個人 …………………………… 190
- ◆ 参 考 図 書 ………………………………………… 192

引用文献 ………………………………………………… 193
人名索引 ………………………………………………… 201
事項索引 ………………………………………………… 204
執筆者紹介 ……………………………………………… 210

【英術語について】
本文中の術語（青字）についてはページ欄外に赤字で英綴りを表記してある。
人名についても重要なものに関しては英綴りを表記してある。

歴史と方法

　心理学を初めて学ぶ人にとって，その内容が期待していたものと違い，驚く人もいよう。どうして心理学が現状のようになったのかを理解し，心理学とはどういう学問かを知るためには，心理学の歴史と心理学で用いられる方法について知ることが近道であろう。人の心に対する人々の関心は古くからあるが，それが独立した学問体系となったのは比較的遅く，今から130年ほど前にすぎない。その歴史は，人の心をいかにして研究するか，つまり研究法の発展の過程でもあった。

心理学とは

人の心はどうしてわかるか　**心理学**とは，文字どおり心に関する学問である。しかし，人の心の状態はなかなかわからない。自分自身の心の状態なら自分でわかると思うであろう。確かに，20世紀初めまでの心理学では，自分で自分の心を観察して，心の状態を調べようとしていた。そのため，**内観法**といって，自分の心の状態を注意深く観察する方法を心理学者が訓練して，心理学の研究をしていたのである。しかし，自分が激怒し，興奮の極みにある場合の心の状態を，自分自身で冷静に観察することができるであろうか。幼児や，精神に障害のある人や，知的障害者に，それぞれの心の中を観察して報告してもらうことができるであろうか。自分の心の中を自分で観察するという内観法だけを用いていたのでは，心理学が取り扱うことのできる心の活動の範囲はごく限られたものになってしまう。

　自分だけでなく他の人の心を取り扱おうとすると，他の人の心を直接に観察する方法がないから，その人の言葉や，表情や，しぐさや，態度や，行為から，その人の心の状態を推定するしかない。これらの外に現れた言葉や動作を**行動**とよぶ。行動は誰にでも観察できるものであるから，これを用いれば，客観的に他の人の心を研究できる。また行動を手がかりとすれば，幼児でも，精神に障害のある人でも，その心理状態を調べることができる。

　行動には，言葉も含まれるが，他の人の言葉の内容をそのまま信じることはできない。「私は少しも悲しんでいない」と口にしている人が，心の中では悲嘆にくれている場合も少なくない。その人が，そのような発言をしたということは客観的事実であっても，発言内容がそのまま事実であるということではない。

psychology, introspection, behavior

Topic　行動の心理学的意義

　行動は，他の人の心を知るための手段として重要であるだけでなく，それは，他の人に影響を与える点で社会的意義がある。ある人が心の中である事柄を考えていても，それを行動にまったく示さなければ，その人の考えは，他の人に何の影響も与えず，外界にも何も変化を与えないであろう。しかし，その人がその考えにもとづいて何らかの行動を起こすとき，その行動は，いろいろの影響を他の人々や外界に与える。これは，他の人々の生活にとって重要な意味をもつ。心の中の感情がそのまま行動に現れるとは限らないが，何らかの形で，行動に影響を与える。

　たとえば，ある人が，ある妄想にかられていても，それが行動に現れなければ，他の人には影響がないが，その妄想にもとづいて暴力を振るえば，他の人々に危害を与える。また，ある人が交通信号をどういう色に感じているかは，個人の問題であるが，2つの信号の色が区別がつかず，誤った行動をすれば事故をもたらす危険がある。このような点からも，「行動」は重要な意味をもつ。そこで他の人の行動を理解し，さらに他の人の行動を予測することが心理学の課題となる。

　人の行動は，環境に応じて理解される。喜劇を見て笑うことはまったく普通のことであるが，悲劇を見て笑うことは普通ではない。日ごろはうまくできることでも，多数の人が見ている前では緊張して失敗することもある。環境の，物理的・社会的状況によって，人間の行動は大いに左右されるのである。

心理学の歴史

連合心理学　今日の言葉でいえば，心理学に相当する学問的考察は，すでにギリシャ時代にも認められ，アリストテレスの『霊魂論』（心について）がもっとも古い心理学的著述といわれる。しかし，現在の心理学に影響を与えている組織的な研究は，18世紀を中心とする**連合主義**の心理学（連合心理学）に始まる。ロック，バークリー，ヒューム，ハートリーなどのイギリス経験論の哲学者たちが提唱した心理学がそれである。白紙の状態で生まれた人の心の中に，生後の経験によって，しだいに新しい観念がうえつけられ，観念と観念の**連合**によって，より複雑な観念が生まれてくるとした。

感覚の研究　19世紀になると，自然科学者，特に生理学者による感覚の研究が盛んになり，ミュラーの特殊神経エネルギー説や，ヤング-ヘルムホルツの三色説，ヘルムホルツの視覚と聴覚の研究などは，その後の心理学の発展に大きな影響を与えている。また心身の数量的関係を研究する新しい学問である**精神物理学**を提唱し，感覚の大きさに関する法則で有名なフェヒナーが現れ，実験心理学の基礎を築いた。

心理学の独立　このように，哲学者や自然科学者の手により，心理学的問題に関する理論的考察や実験的研究がなされてきた成果がしだいに蓄積され，心理学が独立の学問となる気運が熟してきた。その際に，ドイツのライプチッヒ大学に，世界で最初の公認の心理学実験室を作り，心理学に独立した地位を与えたのがヴントである。彼は，その当時までの心理学的研究の成果を集大成するとともに，彼独自の心理学の体系を作った。彼は，**意識**を心理学の研究対象と規定し，内観法によって各自の意識を分析し，

associationism, association, psychophysics, consciousness

表 1-1　心理学の発展と時代背景

心理学上のできごと	年　代	一般の歴史
アリストテレス『霊魂論』	BC4世紀	アレキサンダー大王
⋮		
	1688	イギリス名誉革命
ロック『人間知性論』	1690	
バークリー『視覚新論』	1709	
ヒューム『人性論』	1739	
ハートリー『人間の観察』	1749	
	1776	アメリカ独立宣言
	1789	フランス革命
⋮		
ミュラー『人体生理学ハンドブック』	1834	
ヘルムホルツ『生理光学ハンドブック』	1856-66	
フェヒナー『精神物理学原論』	1860	
	1868	明治元年
	1871	ドイツ帝国建設
ヴントの心理学実験室の公認	1879	
エビングハウス『記憶について』	1885	
帝国大学にて心理学の専門講義開講	1888	(明治21年)
パリにて第1回国際心理学会議開催	1889	
ジェームズ『心理学原理』	1890	
東京帝国大学に心理学実験室開設	1903	
	1904-5	日露戦争
ウェルトハイマー「運動視実験研究」	1912	大正元年
ワトソン「行動主義の立場からみた心理学」	1913	
	1914-18	第1次世界大戦
フロイト『精神分析学入門』	1917	
	1926	昭和元年
日本心理学会創設	1927	
トールマン『動物と人間における目的的行動』	1932	
スキナー『生活体の行動』	1938	
	1939-45	第2次世界大戦
ハル『行動の原理』	1943	
⋮		
ナイサー『認知心理学』	1967	
東京にて第20回国際心理学会開催	1972	
	1989	平成元年

あたかも化学において，複雑な化合物を単純な元素に分解するように，意識を多くの心的要素に分析することを目標とした。彼の心理学は**構成心理学**とよばれる。

またヴントは，多くの心理学者を養成した。その人々は，当時の心理学への関心の高まりとあいまって，ドイツ国内だけでなく，アメリカをはじめ各国の大学に心理学の研究室を創設し，心理学の発展に寄与した（図 1-1）。

20 世紀の心理学　ヴントの構成心理学は，心理学の歴史上に果たした役割は非常に大きかったが，20 世紀になると，これに対する批判が 3 つの面から現れた。その一つは，フロイトによる**精神分析学**であり，意識に現れない無意識の心的活動と，行動の動機の重要性を強調した（図 1-2）。第 2 は，ウェルトハイマーらの**ゲシュタルト心理学**で，意識を心的要素の集まりと考えるヴントらの要素観を激しく批判し，心理的現象の全体性を強調した（図 1-3）。第 3 に，ワトソンの**行動主義**は，ヴントらが意識を対象とし，内観法を用いることの主観性を批判し，人間と動物の行動を研究対象とする客観的・科学的心理学の確立を目指した（図 1-4）。その後の心理学は，これらの 3 学派の影響を強く受けている。特に行動主義の流れをくむトールマン，ハル，スキナーらの**新行動主義**が近年まで盛んであったが，最近はさらに，人間のいろいろの心理的作用を情報処理の観点から見直すとともに，人間の能動的な認識作用を重視する**認知心理学**が有力になっている。

structural psychology, psychoanalysis, Gestalt psychology, behaviorism, neo-behaviorism, cognitive psychology

心理学の歴史　7

図 1-1　W. ヴント
（1832-1920）

図 1-2　S. フロイト
（1856-1939）

図 1-3　M. ウェルトハイマー
（1880-1943）

図 1-4　J. B. ワトソン
（1878-1958）

Wundt, W.,　Freud, S.,　Wertheimer, M.,　Watson, J.B.

Topic 日本における心理学の導入

　西洋思想としての心理学がわが国に導入されたのは明治初年である。最初に心理学を専門的に教えたのは元良勇次郎 (1858-1912) であった (図1-5)。彼は1883年から5年間アメリカに留学して、ホールの指導のもとで博士号を取得して、帰国し、1888年 (明治21年) に帝国大学 (現東京大学) の講師となり専門講義として「精神物理学」(実験心理学) を講義した。2年後教授となり、生涯、心理学の教育と研究にあたった。ヴントによる心理学の独立から、わずか9年後に本格的な心理学がアメリカを経て日本に導入されたのである。元良は心理学の基礎問題から応用問題、さらには西洋文化導入時期におけるさまざまな社会問題まで幅広く論じている (大山, 2013-2015)。1903年には、後述の松本 (図1-6) の助力を得て、わが国最初の心理学実験室 (初期の名称は精神物理学実験室：図1-7) を東京帝国大学 (現東京大学) に設立した。

　元良の指導を受けた初期の学生の一人に松本亦太郎 (1865-1943) がいる。彼は、その後、アメリカに留学しエール大学でスクリプチャー (1864-1945) の指導を受け、帰国後、高等師範学校 (筑波大学の前身)、女子高等師範学校 (お茶の水女子大学の前身) で心理学を教えた後、1906年に京都帝国大学 (現京都大学) の心理学初代教授となり、わが国の2番目の心理学実験室を設置し、1913年には急逝した元良の後をついで東京帝国大学教授となった。

　松本は心理学の実証的研究を進めるとともに、心理学の応用にも努力し、産業、交通、司法、教育、航空など多方面に心理学の応用を図り、門下生を各分野に派遣した。また心理学界の組織化にも熱心で、1927年 (昭和2年) に日本心理学会を設立し、機関誌「心理学研究」を発刊し、初代会長を務めた。

Hall, G. S., Scripture, E. W.

心理学の歴史

図 1-5　元良勇次郎
（1858-1912）

図 1-6　松本亦太郎
（1865-1943）

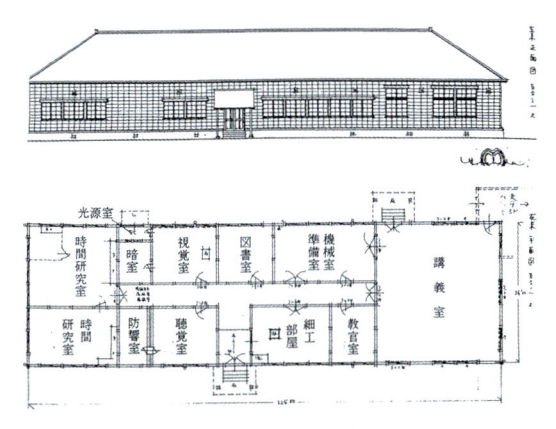

図 1-7　わが国最初の心理学実験室（肥田野，1998）

心理学の方法

意識か行動か 心理学の歴史は，その方法の変遷の歴史でもあった。ヴントが意識を研究対象としたのも，それが経験可能なものであったからである。意識は少なくとも本人にとって経験できるものであるから，「たましい」のような直接経験できないものに比べれば，扱いやすい。その意味で意識を対象としたのは，心理学を経験科学とするための努力の現れであった。さらに当時としては，ワトソンは，意識は他の人からは観察できないから客観性がないとして，それを心理学の対象から排除して，行動を心理学の研究対象とした。確かに，それは心理学に自然科学と並ぶ客観性をもたせたという点においては，大きな貢献であった。

しかし，研究方法として意識の内観法を用いずに行動観察にもとづくことと，問題提起において，意識的現象を軽視し行動面のみに注目することとは大いに異なる。今日の認知心理学の隆盛は，行動主義と新行動主義が研究テーマから除いていた心的イメージや注意の問題を積極的に取り上げたことが，一つの契機となっている。ただし，認知心理学においても，研究上の客観性重視は，新行動主義と変わりがない。一見主観的に思われる問題をいかに，客観的・数量的に研究していくかが，研究者が苦心しているところである。

また，現在の心理学で，広く用いられている方法を大別すると，実験・調査・検査・事例研究がある。

実 験 もっとも厳密な方法として知られている。実験といっても，人を特別な状況におくわけではない。日常的環境は，あまりに複雑で，さまざまな要因が影響を与えているから，その中での観察では，どの要因がどのような影響を与えているか，明

consciousness, experiment

Topic 乳児の視力測定

　行動を通して「心」の活動がどのように推定できるかを示す例として，言葉がまだ使えない乳児の視覚の世界を推定する乳児の視力測定の実験を示す。

　生後2，3カ月の乳児でも，一様な色や明るさの物よりも模様のある物を注目する傾向がある。このような生来的反応を用いて，乳児の視力を測定することもできる。たとえば，アトキンソンらの1977年発表の研究では，図 1-8 のように，乳児の前に2つのCRT画面が呈示される。一方は一様な明るさで，他方が縞模様である。両者の平均的明るさは同じである。この状況下で，乳児が縞模様のほうに多く注目すれば，その乳児は縞模様を一様な面とは異なったように知覚していると推定される。しかし，しだいに縞模様を細くしていけば，ついには縞は見えなくなり，一様に見えてきて，左右のCRT画面を注目する頻度は等しくなってくるだろう。この限界を調べれば，乳児の視力が測定できるはずである。

　この原理を用いて，乳幼児の視力測定をはじめとする種々の感覚能力の一般的発達過程の研究や，一人ひとりの乳幼児の感覚能力の診断などが行われるようになってきている。

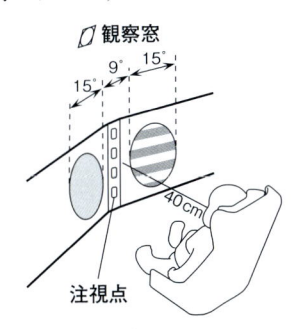

図 1-8　乳児の視力測定（Atkinson et al., 1977）

確にすることが困難である。そこで，状況を単純化して，その中で起こるさまざまな心理過程を，あらかじめ準備を整えて観察・測定するのが実験である。その際，条件を組織的に変化させて，結果がどう変わるかを観察して，それぞれの条件の効果を調べることができる。まったく同じ条件を再現して，結果を再確認したり，特定の仮説を検証するのに都合がよい状況を設定できることも，実験の特長である。実験を行う人を**実験者**とよび，実験を受ける人を**被験者**とよんでいた。同じ人が両者を兼ねないことが原則である。近年は被験者の人権とプライバシーを尊重し，あらかじめ本人または保護者の同意を得て実験を実施し，**実験参加者**（**実験協力者**）とよぶ。動物の場合は被験体とよび，健康に注意して飼育し，実験条件の許す限り，苦痛を与えないように留意する。

調査

調査は，人為的に状況を設定したり，実験的に研究することが困難なような，現実場面に直結した心理学的問題を研究するためにしばしば用いられる。たとえば，特定の社会問題に対する態度とか，災害時の行動，デザインに対する好みなどを，多くの人々に，できるだけ同じ仕方で尋ねて，年齢や，地域や，男女で比較する。あらかじめ用意された**質問紙**（アンケート）を用いる場合が多い。多数の調査対象がある場合は，複数の調査者が，手分けして，調査することが多いが，調査者によって聞き方が違わないように注意する必要がある。SD 法（図 1-9）はその例。

検査

検査には，知能検査，性格検査，適性検査などがあり，個人や集団の能力や傾向を測定・診断するために開発された標準的な課題や質問紙を用いる（図 1-10）。テストともいわれる。訓練を受けた専門家であれば，誰が**検査者**になっても，同じ結果になるように，手続きが標準化されている。あらかじめ多く

experimenter, subject, participant, survey, questionnaire, test, tester

心理学の方法　　　13

Topic　実験の利点

実験という方法がすぐれているのはつぎの諸点である。
- 実験者が統制しにくい外部からの影響を遮断して，単純な条件を作ることができる。
- 日常観察ではごくまれにしか起こり得ないような条件を人為的に作り出すことができる。
- その際の問題に関連する可能性がある諸要因を組織的に変化させて，それらそれぞれの要因の効果を調べることができる。
- 実験者のもつ仮説を検証するためにもっとも適切な条件を作ることができる。
- 観察や測定の準備が十分整った状態で観察や測定ができる。
- まったく同一の条件で観察や測定が反復できる。

	非常に	かなり	やや	▽	やや	かなり	非常に	
動的な								静的な
かたい								やわらかい
みにくい								美しい
強い								弱い
自然な								不自然な
冷たい								熱い
重い								軽い
不安定な								安定した
派手な								地味な
好きな								きらいな

図 1-9　セマンティック・ディファレンシャル（SD 法）の評定用紙の例（大山ら，2005）
種々の対象に対する印象・感情・イメージの調査に使われる（5 章末の Topic（p.132）も参照のこと）。

Semantic Differential

の受検者（回答者）に対して施行され，標準的な結果が知られているので，各受検者の結果は，それと比べて，評価・診断される。

事例研究　事例研究とは，ある特定の人に対して，いろいろの面から，比較的長い期間にわたって観察し，その結果を総合的に検討する方法である。多くの場合，なかなか遭遇できないような，特別な特徴をもつ個人に適用される。たとえば，特別な能力や障害をもった人，特別な経験をした人などである。臨床心理学においてしばしば適用される。

以上いずれの方法を用いる際にも，心理学の研究は，人を対象として行うので，常に心理学の専門家自身か，またはその指導のもとで行い，実験参加者，調査・研究対象となる人々の人権を尊重し，精神的・身体的危害を避けることはもちろん，実施に際しては，十分な説明をし，個人のプライバシーと社会的規範を侵さないよう十分注意が必要である。また実施結果の取扱いについても，プライバシーの尊重が常に心がけられている。そのために心理学者が守るべき倫理綱領なども各国の心理学会において制定している。

Topic　実験群と統制群

実験的統制の直接の対象となる実験参加者群を**実験群**とよび，それと比較対照する実験参加者群を**統制群**または対照群とよぶ。実験的統制をうける独立変数以外の特性は，実験群と統制群がまったく同じになるようにする。たとえば，騒音が学習に及ぼす効果を実験的に調べる場合には，騒音を与える実験参加者群とし，それ以外の条件，すなわち音以外の環境条件，時間，課題，実験参加者の年齢，学力，学習態度などはまったく等しい実験参加者群を統制群とする。

testee, case study, clinical psychology, experimental group, control group

心理学の方法

```
6 4 8 3 9 5 6 7 4 3 8 6 7 9 4 5 3 8 7 4 6 5 7 9 3 6
4 9 5 7 8 4 7 6 3 9 6 7 8 5 3 7 4 9 8 4 3 5 8 6 9 4
7 8 9 4 5 8 6 4 9 6 8 3 5 6 9 8 4 3 9 7 5 4 8 5 7 9
4 8 9 3 5 6 3 8 6 4 7 9 4 8 3 6 8 7 4 5 3 7 8 6 4 9
9 7 6 3 7 9 4 8 3 5 6 4 7 6 5 9 6 8 3 7 4 8 6 7 5 3
7 5 6 8 7 4 5 7 8 4 6 7 9 4 8 6 9 4 8 5 6 3 8 6 5 8
3 4 7 8 5 6 4 3 9 8 7 5 4 9 6 7 4 5 6 8 7 6 9 4 8 3
8 5 7 9 6 8 3 7 4 9 6 5 7 8 4 6 9 3 7 5 8 9 4 7 6 9
5 6 4 9 8 3 7 5 8 9 4 7 6 3 8 7 9 6 4 8 6 3 5 7 8 5
7 3 8 4 9 5 7 8 6 9 8 5 4 8 7 3 9 5 8 4 6 7 9 4 3 8
6 5 3 4 9 8 5 7 9 4 8 3 5 8 6 9 8 5 7 4 8 3 7 9 4 6
8 3 6 5 8 9 7 5 4 7 6 8 9 3 5 4 8 6 9 5 7 8 5 6 4
6 4 5 8 3 4 7 6 5 9 8 6 7 8 5 3 7 8 4 9 7 6 4 8 7 4
5 9 3 4 8 6 7 5 4 9 7 3 8 4 5 7 6 9 4 6 5 8 6 3 9 6
8 4 6 9 5 8 3 6 8 7 4 5 9 8 4 7 5 3 9 4 8 3 6 5 9 7
9 8 3 9 8 4 6 5 7 4 3 8 5 6 4 9 8 7 8 4 7 8 3 5 8 4
6 8 9 4 7 6 5 7 4 3 8 5 6 4 9 8 5 7 8 4 6 8 7 4 3 9 6 5 8
```

図 1-10　内田クレペリン精神検査用紙（見本）
（日本・精神技術研究所）

Topic　独立変数と従属変数

　数学において，変数 y が変数 x の関数として変化するとき，$y=f(x)$ で表し，x を**独立変数**，y を**従属変数**とよぶ。これになぞらえて，心理学の実験において，実験者により独立に統制，変化させることができる刺激条件などの実験条件に関する変数を独立変数，それらの条件に応じて変化する実験参加者（被験体）の行動の量的，質的特性を表す変数を従属変数とよぶ。

independent variable,　dependent variable

Topic 心の中のイメージの実験

　人々が心の中に描くイメージは，それぞれの人の心の中だけのもので，他の人がのぞいて見るわけにはいかない。そのため，19世紀には内観法で研究されたが，20世紀になってからは，行動面からは研究困難であると考えられ，研究されなくなった。シェパードらの**心的回転**の研究は，この困難を乗り越えて，**心の中のイメージ**を客観的方法で実験した画期的な研究である。

　彼らは実験参加者の前に図 1-11 のような1組の絵を呈示して，左右の絵に描かれた立体が同じものを方向だけ回転させたものか否かを，実験参加者にできるだけ速く判断してもらった。(a) それらは，同じ立体を画面の上で回転させたもの，(b) 同じ立体を奥行き方向に回転させたもの，(c) どう回転しても同じにならないもののいずれかである。その際，回転角度をいろいろに変えて，回答にかかった時間（**反応時間**）を測定したところ，図 1-12 のように，回転角度の増大とともに，反応時間が直線的に増大する結果を得た。この結果は，心的イメージを，あたかも実際の立体を回転するように，一定速度で回転していることを示唆しているものである。

　この研究は，発表当時，学界で大変注目された研究であり，認知心理学が盛んになるきっかけを与えたものとして有名である。うまく工夫すれば，心の中の出来事を，実験的，数量的に研究できることをよく示している。

mental rotation, mental image, reaction time

(a)

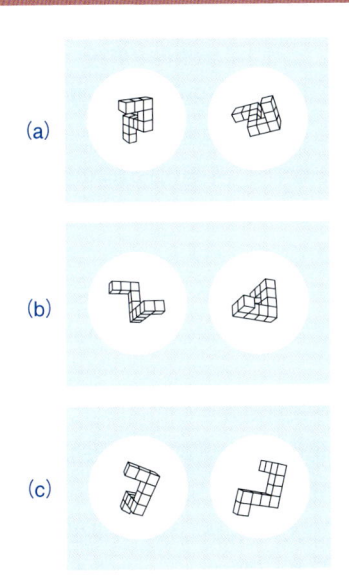

(b)

(c)

図 1-11 心的回転の刺激図形（Shepard & Metzler, 1971）
(a) は前額平行面。(b) は奥行き方向に回転することにより同一図形であることがわかる。(c) はどのように回転しても重ならない。

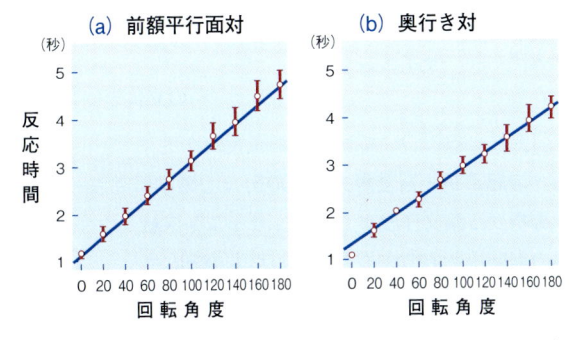

(a) 前額平行面対　　　(b) 奥行き対

図 1-12 心的回転の反応時間（Shepard & Metzler, 1971）

参考図書

　心理学史の入門書としては，

大山　正他（1990）．心理学のあゆみ（新版）　有斐閣

梅本堯夫・大山　正（編著）（1994）．心理学史への招待――現代心理学の背景――　サイエンス社

大山　正（2010）．心理学史――現代心理学の生い立ち――　サイエンス社

がある。大山他は新書版のコンパクトなものであり，梅本・大山（編著）のものは，本書と同一編者によって同一の方針の下に編集されたテキストである。3冊目は本書の本章の著者が単独で心理学史全体を解説したものである。

　やや専門的な心理学史解説書として

八木　冕（1986）．現代基礎心理学1　歴史的展開　東京大学出版会

がある。心理学の各分野の歴史が述べられている。

苧阪直行（編著）（2000）．実験心理学の誕生と展開――実験機器と史料からたどる日本心理学史――　京都大学学術出版会

　日本における心理学の導入と発展過程を解説している。

　心理学の方法，特に測定法を心理学の各領域と関係づけて平易に解説した入門書として

市川伸一（編著）（1991）．心理測定法への招待――測定からみた心理学入門――　サイエンス社

があげられる。

　心理学研究法全般についてつぎの解説書がある。

大山　正・岩脇三良・宮埜壽夫（2005）．心理学研究法――データ収集・分析から論文作成まで――　サイエンス社

　心理学の実験法とその成果を解説したものとして，

大山　正・中島義明（共編）（2012）．実験心理学への招待［改訂版］――実験によりこころを科学する――　サイエンス社

　心理学用語（日本語・英語）の解説としては，

ファンデンボス, G. R.（監修） 繁桝算男・四本裕子（監訳）(2013).
　APA 心理学大辞典　培風館
　心理学の体系的事典としては,
藤永　保（監修）(2013). 最新 心理学事典　平凡社
があげられる。

感覚と知覚

　一般に人や動物が環境に適応して行動し生活していくには，環境の状況を知る必要がある。感覚と知覚は環境を知る役割を果している。さらに人は，感覚と知覚によって，さまざまな知識を得る。話を聞き，本を読み，テレビを見ることによって，情報を得る。また感覚と知覚は私たちに楽しみをもたらす。絵画・音楽・演劇を鑑賞し，映画・テレビを楽しみ，食べ物の味と香りが楽しめるのは感覚と知覚のおかげである。

感覚と知覚

心理学においては，感覚という言葉と知覚という言葉を区別して用いる場合が多い。一般に**感覚**は，色や明るさや個々の音，味，匂いなどの単純な感性経験をさし，**知覚**は，形や物体，メロディ，言葉などの複雑な感性経験をいう。

感覚の一般的性質

感覚の種類　私たち人間には，昔から**五感（官）**とよばれている5種類の感覚がある。**視覚**，**聴覚**，**嗅覚**，**味覚**，**触覚**がそれである。このうち，視覚と聴覚は，私たちから遠く離れたものを知るのに役立っているので，遠感覚とよばれ，味覚と触覚は，舌や皮膚にふれたものの性質のみを知らせるので近感覚，その中間の性質をもつ嗅覚は近傍感覚とよばれる。五感の一つである触覚は，さらに圧覚，痛覚，温覚，冷覚に分けられる。これらを皮膚感覚とよぶこともある。この他，自分の手足などの身体の位置や運動について知る運動感覚，身体の方向に関する平衡感覚，身体内部の要求や苦痛に関する有機感覚がある。

これらの感覚は，その種類に応じて，その感覚を生じさせる刺激，刺激を受けとる感覚器（受容器），ならびに興奮を伝達する感覚神経が異なっている。たとえば，視覚を生じさせる刺激は，波長が約380〜780ナノメートル（1ナノメートルは10億分の1メートル）の電磁波であり，人の目の網膜にそれが到達して，光の受容器である錐体あるいは桿体を刺激し，視覚神経系を興奮させ，その興奮が大脳に伝達されて，色と明るさの感覚を生じさせる。聴覚の場合は，周波数が約20〜20,000ヘルツの音波が耳の鼓膜を振動させ，その振動が内耳の蝸牛内にある音の受容器であるコルチ器官に伝わり，聴覚神経系を興奮させ，その興奮が大脳

sensation, perception, five senses, vision, hearing, smell, taste, touch

Topic 感覚の順応

　感覚の感受性を決めている一つの要因は，**感覚の順応**である。たとえば，入浴のときに初めは熱く感じても，すぐ慣れて熱くなくなるのはその例である。図 2-1 は，いろいろな濃度の食塩水に対する味覚の順応過程を示している。横軸が舌を食塩水にひたしておく時間（順応時間）を，縦軸が塩辛さを感じる刺激閾(いき)を示している。順応時間とともに，刺激閾は急速に上昇（感受性の低下）し，順応を止めれば急速に下降（感受性の回復）することを示している。3 本の曲線はそれぞれ 3 種の濃度（5, 10, 15％）の食塩水に順応した際の結果を示す。

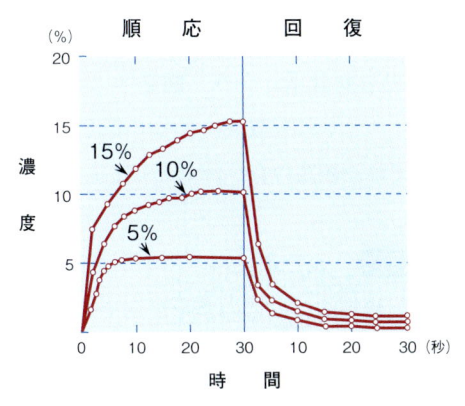

図 2-1　味覚の順応と回復の過程（Pfaffman, 1951）

sensory adaptation

に達して聴覚が生じるのである。このように，感覚の種類に応じて，情報の伝達経路が異なっている。

感覚能力の限界

私たちの感覚能力には限界があるから，環境の状況を感覚によって完全に知ることはできない。前述のように，視覚では可視範囲の光しか感じられないから，自分の周囲にどれだけの赤外線や紫外線が存在するかはわからない。聴覚の場合も，前述の可聴範囲外の低周波の振動や高周波の超音波は，人間には感じられない。

また，可視範囲の光，可聴範囲の音であっても，あまりに弱い光や音は感じることができない。感じることのできる最小の刺激強度を**刺激閾**という（図 2-2）。刺激閾が低いほど感受性は高い。条件がよいと，人間の感覚の刺激閾は驚くほど低い。暗順応下，視覚の刺激閾は，わずかに光量子数十個分に相当するにすぎない。一方，非常に強い光や非常に強い音のように，刺激の強度があまりに強いと，それはもはや光や音として感じられないで，痛覚に変わる。その限界を**刺激頂**という。図 2-3 は，音の刺激閾と刺激頂を示しており，ともに周波数によって変化する。それらを結んだ曲線にはさまれた範囲の音が聴覚として聞こえるので，可聴範囲とよばれている。

ウェーバーの法則

強度がほんのわずかだけ違った 2 つの刺激を比較しても，感覚的にはその差を区別できないことがある。区別できる最小の強度差を**弁別閾**とよぶ。一般にこの弁別閾の値は，刺激の強度の水準に応じて変化する。たとえばある人が 10 グラムと 11 グラムの重さの差がやっと区別できるとすると，その差の 1 グラムが弁別閾である。ところが，同じ人が 20 グラムと 21 グラムでは区別できないで，20 グラムと 22 グラムなら区

stimulus threshold, terminal threshold, difference threshold

感覚の一般的性質　　　　　　　　　　25

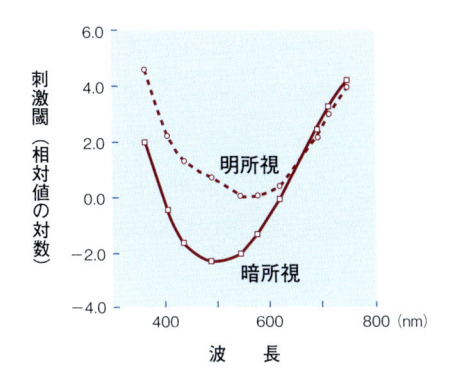

図 2-2　明所視と暗所視の視感度曲線（Wald, 1945）
明るさに順応した際（明所視）と暗さに順応した際（暗所視）の刺激閾が光の波長によってどのように変化するかを示している。明所視と暗所視はそれぞれ，網膜中の2種の光受容器（錐体と桿体）の働きにもとづいているので，2本の視感度曲線の高さと形が異なっている。

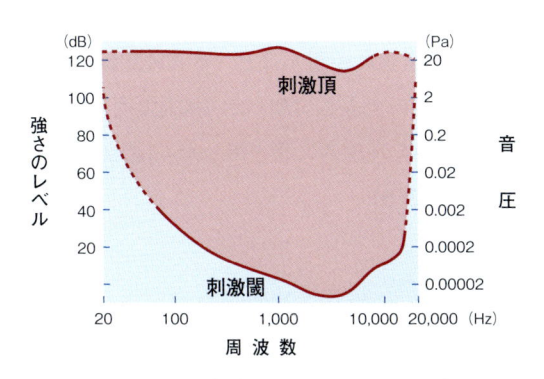

図 2-3　可聴範囲（Fletcher, 1940）

別できる。その場合は 2 グラムが弁別閾となる。このように，標準となる刺激強度に比例して弁別閾は上昇する。そして 10 グラムに対する 1 グラム，20 グラムに対する 2 グラムという比は，すべて 10 分の 1 で一定となっている。この関係を**ウェーバーの法則**という。この比（ウェーバー比）の値は感覚の種類によっても，個人や条件によっても変化するが，同じ人の同一の感覚，同一の条件下では，刺激強度が変化しても，ほぼ一定となり，ウェーバーの法則が近似的に成立する。

フェヒナーの法則

暗闇の中に 1 つの電球をつけると，ぱっと明るくなる。しかし，もう 1 つの同じ電球をともして光の強度を 2 倍としても，最初ほどの明るさの増大はない。さらに，3 つ 4 つ 5 つと電球を増加していくと，しだいに人の感じる明るさは増すが，電球 1 つあたりの明るさの感覚の増加率は低下していく。このように，感覚の大きさは，刺激強度の増加に正比例するほどには増大しない。フェヒナー（図 2-4）は，上述のウェーバーの法則にもとづいて，弁別閾が感覚の最小の増分に対応すると仮定した。そして，刺激強度が増すほど，それに比例して弁別閾が増す事実から，「感覚の大きさ（E）は，刺激強度（R）の対数に比例する」という関係を理論的に導き出した。この関係を**フェヒナーの法則**という（図 2-5）。

Weber's law, Fechner's law

図 2-4　G. T. フェヒナー
　　　（1801-1887）

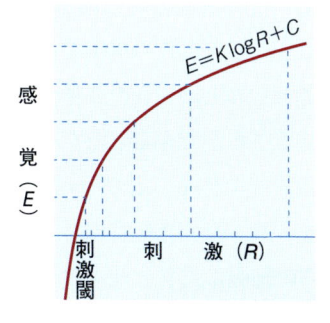

図 2-5　フェヒナーの法則

色覚の場合

色は感覚である　私たちは，通常，緑の草や赤い花や青い空が自然に存在すると確信している。しかし，これは厳密にいうと誤りである。自然界には，種々の波長の電磁波が存在するにすぎない。それらの電磁波が人の目に到達するときに，初めて色の感覚が生じるのである。

色が感覚であることをよく示している事実に**混色**の現象がある。たとえば，赤に相当する長波長の光と，緑に相当する中波長の光を混合した光は，人間の目には黄に見える。そのような混合光の波長を調べてみると，スペクトル（プリズムで分光した光の帯）中で黄に相当する580ナノメートル付近は含まれていないにもかかわらず，スペクトル中の黄とほとんど変わらない色に見える。カラーテレビの受像器の画面は，赤・緑・青の3色に相当する光を発していて，黄に相当する光は発していない。それなのに黄色をはっきり見ることができる。これは，画面の赤と緑が適切な割合で発光し，それらの光が網膜のほぼ同一箇所に到達するので，黄に見えるのである。これが混色の事実である。

人間の目に対しては，赤・緑・青の3種の光の混合ですべての色の感覚を生じさせることができる（ただし，青緑の非常に鮮やかな色を青と緑の混合光で作ることなどは困難である）。これは人間の網膜には，赤・緑・青の光を特に感じる3種の視細胞（**錐体**）があり，それらの細胞の興奮を種々の比率で組み合わせたものによって，すべての色の感覚が生じるためと考えられている。これを，**ヤング–ヘルムホルツの三色説**という（図2-6）。この説は19世紀以来，長い間，仮説にすぎなかったが，今日では生理学的にも実証されている（図2-7）。

color mixture,　cone,　Young-Helmholtz trichromatic theory

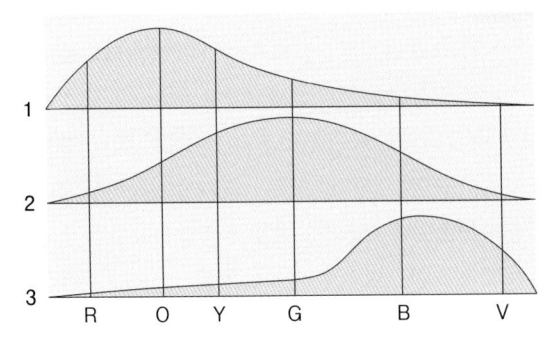

図2-6 ヘルムホルツが仮定した3種の神経線維の興奮特性
(Helmholtz, 1860)

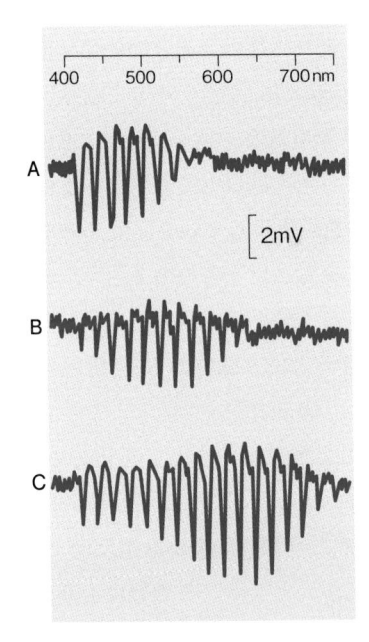

図2-7 コイの網膜の中の3種の錐体細胞のスペクトル応答
(Tomita et al., 1967)
図2-6と図の左右方向が逆転している。

色の3属性　色には赤，黄，緑，青といった色相の違いと明るさまたは明度の違い，さらに鮮やかさ，または彩度の違いがある。たとえば赤でも紫がかった赤，黄色がかった赤がある（**色相**の差），また明るい赤，暗い赤がある（**明度**の差）。さらに鮮やかな赤，淡い赤（**彩度**の差）がある。このような色の違いを系統的に表したものが**色立体**である。さまざまな色立体が多くの人により提案されているが，現在もっとも普及し日本工業規格 JIS にも採用されているのが，マンセルの色立体である。

　まず色相について述べると，虹の7色で知られるように，色相には，赤，橙，黄，緑，青，藍，菫の差異がある。この7色で赤から橙，黄，緑と進むに従い，赤との色味の差異が大きくなるが，その後，赤との色味の違いが再び小さくなり，菫色で赤に似てくる。ここに紫を挿入すると，色を円環状に並べることができる。それが**色円**である。色円についてもさまざまの提案があるが，図2-8 はマンセルの色円を示している。マンセルは橙の代わりに黄赤，菫の代わりに紫青という色相名を用い，赤（R），黄赤（YR），黄（Y），緑黄（GY），緑（G），青緑（BG），青（B），紫青（PB），紫（P），赤紫（RP）という独特の10色相名を用い，さらにその間を10等分して，100色相に分けた。

　さらに明度の差を垂直軸で表し，色円の中央に通すと図2-9 のような色立体ができる。ここでは中心軸が明度を表し，最下部が黒，最上部が白で，0から10の色相尺度を形成し，中心軸から離れるほど彩度が大となる。この彩度も0から10以上までの尺度を形成する。彩度の上限は色相によって一定しない。また中心軸からの方向が上述の色相を表している。

hue, brightness（value）, saturation（chroma）, color solid, Munsell, A. H., color circle

色覚の場合　　　31

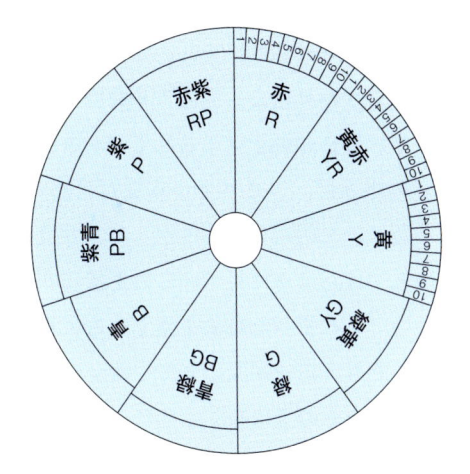

図 2-8　マンセルの色円（Bond & Nickerson, 1942）

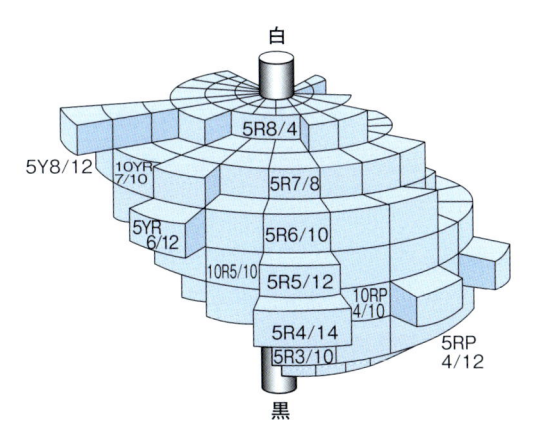

図 2-9　マンセルの色立体（Bond & Nickerson, 1942）

知　　覚

知　覚　私たちが目を開けば，部屋の中の様子がよく見える。家具があり，テレビがあり，家族の顔が見える。これは視覚による知覚である。また耳には，人の声や音楽や周囲の物音がありありと聞こえる。これが聴覚による知覚である。

これらの知覚の世界は，さまざまな感覚から成り立っている。部屋の中には多数の色と明るさがあるが，私たちはそれらの色と明るさを一つひとつばらばらに見ているのではなく，机とか棚とか，人の顔とかの，まとまった対象を見ている。耳には，さまざまの高さと大きさをもった音が聞こえてくるが，それらをばらばらの音として聞いているのではなく，それらの音から構成されている意味のある言葉やメロディを聞く。

このように，知覚は，単なる感覚の寄せ集めではない。まとまりをもち，意味をもったものから成り立っている。

図と地　また，感覚能力の限界内にあるものは必ず知覚できるわけではない。図 2-10 は，中央に白い杯があり，その両側に向きあった 2 つの黒い横顔があるが，杯と顔との両方を同時に見ることはできない。ときに白い杯が見えたり，ときに黒い横顔が見えたりする。

杯が見えるときは，その形の部分の白領域が，引きしまって，前面に浮き出て見え，黒い領域はその背後にある面のように見える。横顔が前面に見えるときには，逆に黒領域が引きしまって，浮き上がって見え，白領域はその背後に広がった面のように見える。このような見え方の違いを，ルビンは図と地とよんで区別した。図 2-10 は，図と地が反転しやすい図形の例である。

figure, ground

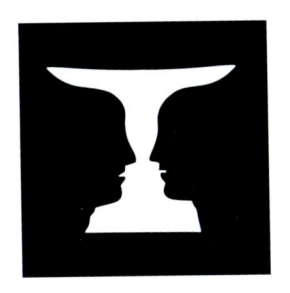

図 2-10　**杯と横顔**（Rubin, 1921）

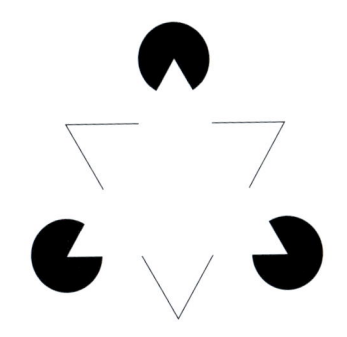

図 2-11　**主観的輪郭**（Kanizsa, 1979）
中央に白い三角形が見える。一様な白紙に，あたかも線が描かれたように明瞭な輪郭線が見え，白い三角形が図となって見える。これは**主観的輪郭**とよばれる。このように，図と地の分化には必ずしも境界線は必要としない。

subjective contour

群　化　視野の中に，多くの図が同時に成立するとき，それらはばらばらのものとしてではなく，何らかのまとまりをもったものとして知覚される。たとえば，このテキストのページに並んだ多数の文字は，1行ずつのまとまりに分かれて見え，さらに1行の中でも句読点によって分けられる。また連続した漢字は，単語としてのまとまりをもって見える。このような知覚上のまとまりを群化という。

ゲシュタルト心理学のウェルトハイマーはこの群化の問題を研究して，群化の規定要因を明らかにした。その主なものをつぎに示す。

1. **近接の要因**……図2-12のaのように，他の条件（たとえば色）が同一ならば，近いもの同士がまとまって見えやすい。

2. **類同の要因**……図2-12のbのように，他の条件（たとえば距離）が同一ならば，類似のもの同士がまとまって見えやすい。

3. **閉合の要因**……図2-12のcのように，閉じた領域を作るものは，まとまって知覚されやすい。

4. **よい連続の要因**……図2-12のdのように，なめらかな連続性をもつものがまとまって見えやすい。

この他にも，いくつかの群化の要因があげられているが，これらの要因によって知覚世界は秩序づけられ，安定した知覚が得られる。その際，単なる経験の反復の効果は比較的小さい。過去において多数回経験したものでも，上記の諸要因に反するまとまりは知覚されにくいことが明らかにされている。

錯　覚　知覚が外界の忠実なコピーでないことはp.37のTopicに示すような種々の錯覚が知られている。錯覚について考える際に，特に注意すべきことは，錯覚とは少しも異常なことで

grouping, factor of proximity, factor of similarity, factor of closure, factor of good continuity, illusion

a. 近接の要因

b. 類同の要因

c. 閉合の要因

d. よい連続の要因

図 2-12　群化の諸要因（Wertheimer, 1923）

はなく，誰にでも生じるものであり，注意深く見ても，また錯覚であることをよく知っていても，依然として明瞭に起こる現象であることである。錯覚で示されるような，外界の対象の客観的性質と知覚像とのずれは，通常の知覚でも常に生じている。ただ，多くの場合，そのずれがそれほど大きくないので，あまり問題にされないだけである。いわゆる錯視として知られ，誰々の錯覚とか，誰々の錯視と名づけられているのは，そのずれが特に大きい場合である。しかし，そのようなずれを生じさせているメカニズムは通常の知覚においても働いているはずである。錯覚を支配している原理は，通常の知覚を規定している原理と共通したもののはずである。それゆえ，錯覚を研究することは，日常の知覚一般を研究することにほかならない。錯覚の研究は，決して好奇心の満足や興味本位で行われているわけではない。

空間知覚

奥行き知覚　私たちを取り囲む世界は，上下，左右，前後の3方向に広がった三次元の空間であり，私たちはそれを目で知覚することができる（**空間知覚**）。ところで，人間の目の網膜は曲面をなしてはいるが，二次元的な広がりにすぎない。それなのに，なぜ三次元の空間を知覚すること（**奥行き知覚**）ができるのだろう。このような疑問は古くからあり，網膜像以外に与えられる種々の手がかりや，網膜上の手がかりと距離に関連した身体運動の経験などとが経験的に連合したためであろうと考えられてきた。

奥行き知覚の手がかり　奥行き知覚の手がかりとして考えられているものに，つぎのようなものがある。

1. 調　　節……目のレンズである水晶体のふくらみを変える際の筋肉の伸縮。

space perception, depth perception, depth cue, accommodation

Topic　幾何学的錯視

　視覚における錯覚を錯視という。特に幾何学的図形における錯視を**幾何学的錯視**とよぶ。これらの錯視の多くは，19世紀末に発見され，それぞれ発見した学者の名をつけられている。

　図 2-13a のミューラー-リヤー錯視は，客観的には左右の直線部分は等長であるのに，外向きの斜線のついた左側のほうが，かなり長く見える。**図 2-13b** の同心円錯視では，左側の同心円の内円と右側の同心円の外円は，ともに中央の円と客観的に同じ大きさであるが，左の内円は大きく，右の外円は小さく見える。**図 2-13c** のツェルナー錯視では，5本の垂直線はすべて互いに平行に描かれているのであるが，それぞれ交差する斜線の傾きと逆方向に傾いて見える。**図 2-13d** のポゲンドルフ錯視では，左右の斜線は一直線上にあるのに，あたかも食い違っているように見える。**図 2-13e** の分割線錯視では，左右とも正方形であるのに，左は縦長に，右は横長に，すなわち，ともに分割された距離を過大視する傾向にある。また**図 2-13f** のエビングハウス錯視では，2つの中央の円は等大であるが，大きな円に囲まれたほうが，小さな円に囲まれた円より小さく見える。

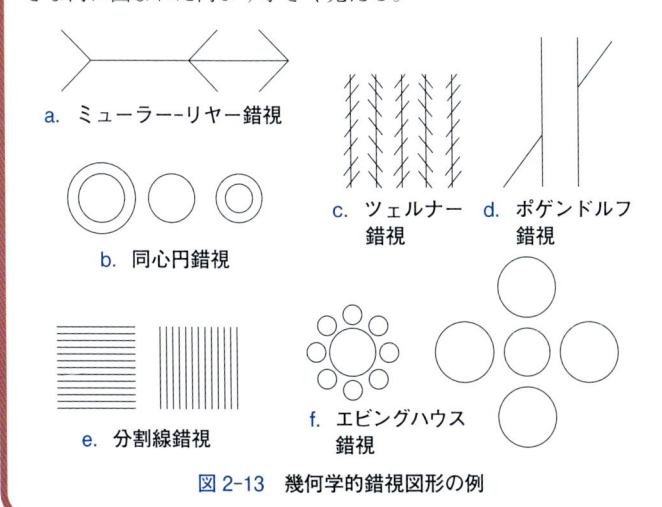

a. ミューラー-リヤー錯視

b. 同心円錯視

c. ツェルナー錯視

d. ポゲンドルフ錯視

e. 分割線錯視

f. エビングハウス錯視

図 2-13　幾何学的錯視図形の例

geometrical illusion

2. **輻　輳**……両目の視線は，非常に遠方を見るときは平行しているが，近くを見るときは，注視点で交差する。その交差角が輻輳角であって，距離に反比例して変化する。輻輳角の変化に伴う筋肉の伸縮。

3. **両 眼 視 差**……人の両目は約 6 cm ほど離れているから，左目・右目に映ずる像がわずかに異なる。図 2-14 はこの事実を示している。しかし，人は，これらの異なった像の二重像を知覚するわけではなく，1 つに融合した立体像を得る。この両眼視差は非常に強力な奥行きの手がかりであり，特に，対象間の奥行きの弁別に有効である。ステレオスコープ（実体鏡）はこれを用いたものである。

4. **単眼運動視差**……単眼であっても，見ている人自身が運動するか，または対象が運動すると，視点がつぎつぎに移り，継時的な視差が生じる。進行中の列車の窓から見ると，図 2-15 のように，注視点 F より近くのものは近いものほど急速に過ぎ去り，注視点より遠方のものは進行方向に進んで見える。

　この他，網膜像そのものの中にある奥行きの手がかりとして，**網膜像の大きさ**（大きいものは近く見える），**線遠近法**（視線方向の平行線は 1 点に集まり，視線に直角の平行線の前後の間隔はしだいにつまっていく），図 2-16 に示されるような**きめの勾配**，**大気遠近法**（遠方のものほど明暗の差が少なくなる），**重なり合い**（近いものは遠いものをおおう），**陰影**（下側に陰があるとふくらみを，上側に陰があるとへこみを感じる）などがある。

convergence, binocular disparity (parallax), monocular motion parallax, retinal size, linear perspective, texture gradient, aerial perspective, interposition, shadow

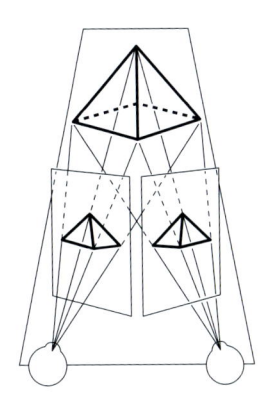

図 2-14 両眼視差
(Gibson, 1950)

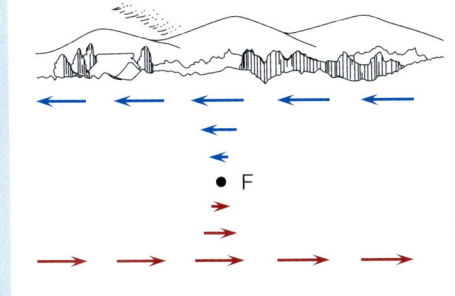

図 2-15 単眼運動視差
(Gibson, 1950)

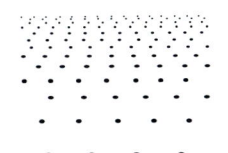

図 2-16 きめの勾配
(Gibson, 1950)

🔴 運動の知覚

　運動しているものを目で追っていると，その運動対象の像はいつも網膜の中心に写って移動しない。それにもかかわらず運動を知覚する。一方，目を動かして部屋の中を見まわすと，網膜像は大きく移動しているのに，部屋は静止して知覚される。流れる雲に囲まれた月は，雲と反対方向に動いて感じられる（**誘導運動**）。夜空に孤立している星を見つめていると，不規則に運動しているように感じられることがある（**自動運動**）。

　以上のように，運動を知覚するには必ずしも網膜像の移動は必要でない。むしろ，知覚の枠組みとなるものが静止して知覚され，それと相対的に距離関係を変化するものが運動として知覚される。遊園地のビックリハウスなどは，視野全体をおおい，その際の視知覚の枠組みとなっている部屋全体が回転するので，その枠組みが止まっていて，その中にいる自分が逆方向に回転しているように感じられる（図 2-17）。これは自己自体の誘導運動である。

　映画やテレビやアニメーションは，常に静止像を与えているのに，それらが継時的に少しずつ違っていると，運動が知覚される（図 2-18）。また，踏切の警戒信号のように暗黒中で 2 光点が交互に点滅すると，1 光点が往復運動をしているように感じられる。これらを**仮現運動**という。どのような条件の下で，もっともきれいな仮現運動が生じるかは，光の強度，2 光点間の間隔距離，2 光点の呈示間隔時間に応じて規則的に変化する。これに関する法則を**コルテの法則**という。

induced motion, autokinetic effect, apparent motion, Korte's law

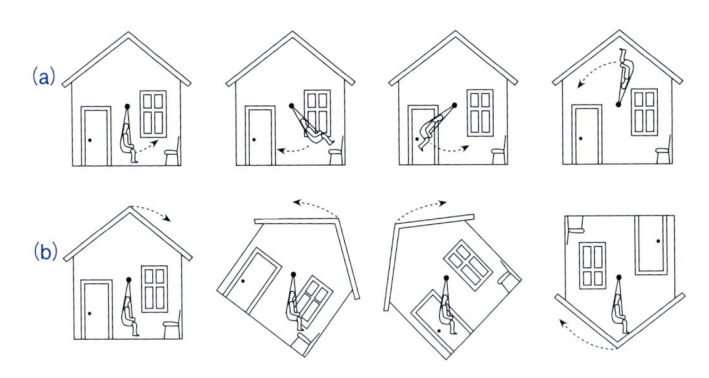

図 2-17　自体と対象間の誘導運動——ビックリハウスの原理
　　　　（Metzger, 1981）
実際には (b) のようにビックリハウスのハウスが回転しているだけなのだが，中にいる人は，(a) のように自分が前後にゆれ動いたり，宙返りしている錯覚におちいる。

図 2-18　ゾートロープ；1880 年ごろ（東京都写真美術館蔵）
ストロボスコープの一種。少しずつ形が異なった連続画を描いた帯を入れて回転させて，スリットを通してのぞくと，動く絵が見える。このような装置からウェルトハイマーの仮現運動の研究が生まれた。映画やアニメーションの原型でもある。

Topic　生物学的運動

　ヨハンソン（Johansson, 1973）は、図 2-19 のように肩、腰、膝、足首などの関節部分に光点をつけた人が、暗闇の中で運動する映像を撮影して、人々に見せた。映像が止まっていると、図の (b) のように、無意味な光点の集まりとしか見えないが、モデルの人が動き出すと、たちまち図の (a) のように人の動きであることに気づき、動き方の特徴や男か女かもわかる（鷲見, 1997）。このような運動の知覚を生物学的運動という。

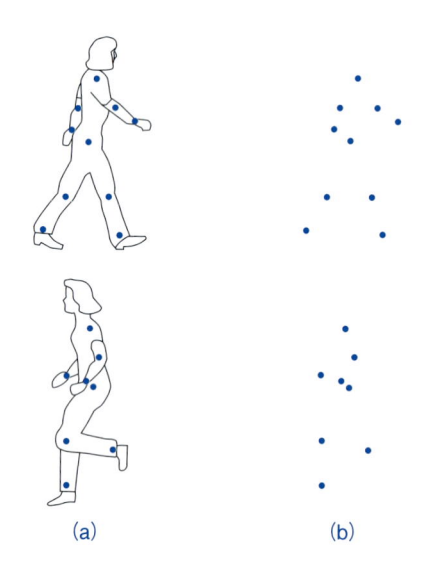

図 2-19　**生物学的運動**（Johansson, 1973）

Johansson, G.,　biological motion

運動の知覚　43

Topic 文脈効果

　図 2-20 (a) を見てみよう。THE CAT と読めるであろう。しかし，もう一度よく見てみると，THE の中の H と，CAT の中の A が同じ形であり，両方とも，H でも A でもない，あいまいな形であることに気づくであろう。このようなあいまいな中間的な形が，T と E の間に挟まれると H に見え，C と T のあいだに置かれると A に見える。また (b) を見ると，上列は A，B，C に，下列は 12，13，14 に見える。もう一度よく見ると，上下列とも，中央は B でも 13 でもないあいまいな形である。それが A と C に挟まれると B に見え，12 と 14 に挟まれると 13 に見える。これらの例は，あいまいな形が文脈によって，異なって見えることを示しているので，**文脈効果**とよばれる。日常私たちが印刷物や手書き文を読むときにも，このような文脈効果が常に働いている。一字一字読まなくても文章が読める。途中の文字がかすれていても，誤字があっても，知らない字であっても文脈で読んでしまう。このためにかえって見落としや，誤読が生じることがある。知識や期待がかえって正しい読みを妨害してしまう場合もある。

(a) THE CAT

(b) A B C
　　12 13 14

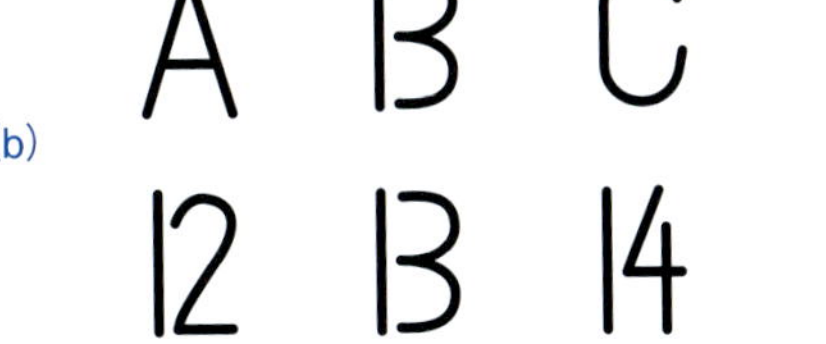

図 2-20　文脈効果 (Bruner & Minturn, 1955)

context effect

参考図書

入門としてはつぎの4冊があげられる。

梅本堯夫・大山　正（編著）（2014）．心理学への招待［改訂版］
　　——こころの科学を知る——　サイエンス社（特に2章）
大山　正（編）（1984）．実験心理学　東京大学出版会（特に2〜7章）
大山　正・中島義明（共編）（2012）．実験心理学への招待［改訂版］
　　——実験によりこころを科学する——　サイエンス社（特に2章）
松田隆夫（1995）．視知覚　培風館
大山　正（2000）．視覚心理学への招待——見えの世界へのアプローチ——　サイエンス社

　特に色の感覚と知覚に関しては

大山　正（1994）．色彩心理学入門　中公新書　中央公論社
大山　正・齋藤美穂（編著）（2009）．色彩学入門——色と感性の心理——　東京大学出版会

　最近の情報処理の立場から知覚の問題を解明したものとしてつぎのものがある。

スペアー，K. T.・レムクール，S. W.　苧阪直行他（訳）（1986）．視覚の情報処理　サイエンス社

　感覚・知覚の総合的ハンドブックとしてつぎがある。

大山　正・今井省吾・和気典二（編）（1994）．新編　感覚・知覚心理学ハンドブック　誠信書房

　豊富な図，写真，付録のDVD中の運動映像でわかりやすく視覚心理学を解説したものとしてつぎがある。

大山　正・鷲見成正・五十嵐賢紘（2014）．見てわかる視覚心理学　新曜社

学習と記憶

　人間の大きな特徴は環境にあわせて行動を変容し，経験を記憶して，その後の生活に役立てることである。学習と記憶は，また人間が築いてきた文化を子孫に伝えるための教育や訓練の基本原理でもある。古来，動物と共存し，羊のしつけの伝統をもつ牧畜民族である欧米の心理学で学習心理学が重視されたのもうなずけることである。記憶はギリシャ以来の観念連合の哲学を受けついで，長い歴史をもっている。いずれも近代心理学がそれを受けついで科学的な心理学まで高めた。学習と記憶は似ている概念であるが，厳密には，学習が経験による比較的永続的な行動の変容を指すのに対して，記憶が表象や心像などを使った過去の再現である点で異なっている。ただし，近年の潜在記憶の研究では，記憶の行動面を扱うようになってきているため両者で重複する部分が増えてきている。

学　　習

　私たちは日常さまざまな経験を積み重ねているが，経験を無駄にしないでつぎの機会に生かしているのが人間の特徴である。失敗した経験はつぎからやらなくなり，成功した経験はつぎの機会にも繰り返す。もし失敗しても同じ行動を繰返しやっていたならば環境に適応できなくて生存が危ういので，異なった行動をしなければならない。学習とはこのように経験によって行動や認知が変わることである。行動が変わるといっても，子どもが大人に成長しても変わるし，疲労によっても変わる。このような原因で変わるのではなく，経験によって行動が変わるのが学習である（図 3-1）。

　学習には多様な種類がある。長い時間をかけて何回も反復してできる習慣も学習であるし，数学の問題解決のように 1 回の経験で解決方法が学習されることもある。また絵画や音楽のような芸術がわかるようになったり，料理の味を覚える学習もある。野球のボールの投げ方，自転車の乗り方，泳ぎ方が上手になるような運動（技能）の学習もある。鍋の熱さや注射の痛さ，あるいはデートの楽しさ，恋愛の嬉しさなどを知る感情の学習もある。

　学習は基本的には状況と行動と結果が経験によってつながるという構造をもっている。言い換えると，「どういう場合に」「どうすれば」「どうなるか」ということである（図 3-2）。結果も最初の状況の変化であり，第 2 の状況であるが，それで満足のいくこともあれば，苦痛や恐怖を伴うというように，感情的な色彩をもっていることが多い。このような学習の基本構造に学習の種類を当てはめると，英語の right と light を耳で聞いただけで違いがわかるようになる学習は「どういう場合に」という状況（刺激（S_1））の学習であり，泳ぎ方の学習は「どうすれば」（R）の学習

learning

- **固定した生得的な行動**
    - **走性** （移動性） 例：走光性（明るいところに集まる性質）
    - **反射** 体性反射・脊髄反射（運動反射など）
    脳幹反射 例：まばたき反射，嚥下反射，嘔吐，せき，く
    しゃみ，唾液分泌，瞳孔反射など
    - **本能** 固定連鎖行動（鳥の巣作りなど），種に特有の行動。
    アヒルなどが親鳥の後をつけて進むのは，生まれて24時間以内に出会った物体が小鳥の脳に刻印されたように焼きつけられて，一生その跡をつけるという習性ができてしまうためであり，それを刷り込み（インプリンティング）とよぶ（p.136 参照）。
    昆虫は本能的行動だけで十分にやっていける。
- **意志による行動**
    - **随意行動**
    すでに学習された習慣などの遂行。
    はじめてできた新しい行動。

    学習によって変化する脳の部位は主として大脳皮質にある。人間は大脳が他の動物に比べて大きく，本質的に学習に依存していることがわかる。学習の結果，環境に対処できる新しい行動が多くなり，個人差が大きい。

図 3-1　行動の分類

行動には種に共通の固定した行動と，個々の個体が状況に応じてやる新しい行動とがある。

どういう場合に（S_1） → どうすれば（R） → どうなるか（S_2）

状況・刺激・文脈　　反応・行動　　　結果・感情
　　　　　　　　　動作・運動　　　変化した状況
　　　　　　　　　　　　　　　　　快・不快

図 3-2　学習の構造

であり勉強不足で留年するのは「どうなるか」(S_2) の学習である（図 3-3）。

学習の成立

　学習でもっとも重要な要因をどのように考えるかについて，いろいろな考え方や立場がある（表 3-1）。$S_1 \rightarrow R \rightarrow S_2$ が時間的に接近して起こることが原因だという SR 接近説や，S_2 という強化を受けることが原因だという SR 強化説，S_2 によって（行動が生起するために必要な内的状態である）動因が低下する（すなわち要求が満足する）ことが原因だという動因（要求）低減説などがある。また学習は何回も反復することで徐々に形成されるという連続説や，1 回でも形成されるという非連続説などがある。学習といっても広い範囲の現象を包括しているので，現実にはさまざまな形態が見られる。

　学習される経験は個体の目的とは関係せず，ときには無意識的に都合の悪い学習（たとえば喫煙の習慣）すら成立することがある。人間のように意識的によい習慣だけを学習しようと思えば，まず「どういう場合に (S_1)」「どうすれば (R)」「どうなるか (S_2)」の関係を確認しなければならない。私たち人間の学習では，その関係を自分で発見しなければならない型と，他人のしている行動を観察して模倣する型と，教えてもらう型とがある。自分で発見する場合には，さらに「どういう場合に」がわかるようになる学習と，「どうすれば」よいかがわかる学習，「どうなるか」がわかる学習とがある。「どうなるか」がわかることは，ひどい目にあうというように，感情を伴っている。他人のしている行動を観察して学習するのは，たいていの場合に父母や先生のようにモデルとなる人がいて，その行動を観察する。

drive, need

S_1の学習に重点がおかれる例

知 覚 学 習　見てわかる，眼が肥える，耳が肥える。
弁 別 学 習　色の違いがわかる，味の違いがわかる。

Rの学習に重点がおかれる例

技能の学習　ピアノがひけるようになる，
　　　　　　タッチタイピングができるようになる。
運 動 学 習　ラケットの振り方がわかる。
　　　　　　ボールの投げ方がうまくなる。

S_2の学習に重点がおかれる例

わがままをいうと親から痛い目にあわされる。
先生のいうことを聞かないと叱られる。
誕生日にプレゼントを持って行くと友達に喜ばれる。
熱したフライパンに触れると火傷をする。

図3-3　学習の要因のそれぞれの特徴

表3-1　学習成立についてのさまざまな考え方

SR接近説	SRの接近がもっとも重要な要因
SR強化説	SRの後で強化を受けることが学習の要因
強化随伴説	Rの後に強化を随伴させることが学習の要因
動因低減説	Rをすることで欲求を満足させることが学習の要因
認知地図説	S_1からS_2へと進むプロセス全体の地図ができるのが学習の要因

perceptual learning, discrimination learning, skill, motor learning

$S_1 \to R \to S_2$ が確認されただけでは学習は定着せず，実際に何度も反復しなければ学習できない。確認しないで反復すると間違った習慣が形成されてそれを修正するのに大変な労力が必要であるし確認だけして定着しておかないと行動がスムーズに進行しない。

古典的条件づけ

上述のような学習の基本構造はギリシャ時代以来，観念と観念の間に連合ができることとして考えられていたが（p.4 参照），ダーウィンの進化論による動物とヒトとの連続性の主張を受けて，19世紀に観念をもたない動物でも形成されることがパブロフによって見出された。これが**古典的条件づけ**ないしは（特定の誘発刺激が必要な受け身の学習という意味で）レスポンデント条件づけとよばれるものである。

その実験の基本的手続きは，まずイヌを防音室に入れ，イヌの唾液腺の分泌が観察できて測定できるようにする。そして最初，イヌの口に少量の餌（例：肉粉）を入れ，唾液分泌を記録する（図3-4）。ついで**条件刺激**（例：メトロノームの音）すなわち CS を短時間聞かせ，唾液が出ないことを確かめる。ついで条件刺激 CS を鳴らした数秒後に**無条件刺激**（餌など）すなわち UCS を口に入れ，CS と UCS を組み合わせた呈示を数回反復する。約10回 CS−UCS を呈示すると UCS をまだ呈示していないのに CS 呈示だけで唾液が分泌されるようになる（図3-5）。

ここで無条件刺激（UCS または US）とは学習を必要とせずに無条件で反射を起こす刺激である（例：餌→唾液分泌，音→耳を動かすような定位反射）。**無条件反応**すなわち UCR または UR は UCS に対する反応（例：唾液分泌，定位反射）であり，条件刺

Darwin, C., Pavlov, I. P., classical conditioning, conditioned stimulus, unconditioned stimulus, unconditioned response

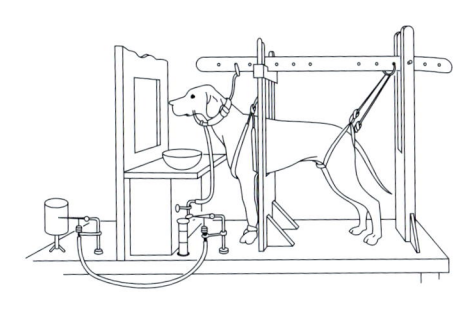

図 3-4 古典的条件づけの実験装置(Yerkes & Morgulis, 1909)
パブロフの実験にもとづいてニコライが改良したもの。

古典的条件づけ形成以前

音(CS) → 定位反射（耳を動かすような反応）

餌(UCS) → 唾液分泌(UCR)

↓ CS と UCS の反復

音(CS) → 定位反射（耳を動かすような反応）

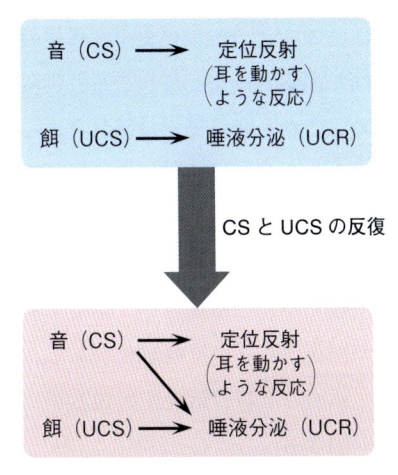

餌(UCS) → 唾液分泌(UCR)

図 3-5 古典的条件づけの形成のしくみ

激（CS）は無条件刺激（UCS）と対にして呈示される刺激である。**条件反応**すなわちCRはCSによって起こる反応のことである。無条件刺激UCSを与えることを**強化**とよぶ。強化を伴わないでCSのみを反復呈示するだけだと，CRが起こらなくなる。これを**消去**という。ひとたび条件づけが形成されると，もとの刺激と類似した刺激にまで反応が広がる。これを**般化**とよぶ。条件づけが成立したのち，もとのCS以外には強化しないようにすると，強化される刺激以外の刺激には反応が起こらなくなる。これを**弁別**とよぶ。

馴　化

　新しい刺激を受けると，すべての動物は何らかの反応を示す。それは新しい刺激に対して注意することである（定位反射）。著しい場合は驚き反応が現れる。生理的には注意による心拍，呼吸，脈拍，皮膚電気活動の変化，視線の集中，体位の変化などとして現れる。しかし同じ刺激が反復して起こると刺激に対する反応性は急速に低下する。これを**馴化**または**慣れ**とよんでいる。

　馴化はそれを起こした刺激に特有であるという点が，感覚の順応（p.23参照）と異なる。一般に刺激の強度が強いほど反射的反応は強く，馴化が起こりにくい。さらに馴化の特徴として，類似した刺激によって般化が起こることや，刺激をある時間与えなければ最初の反応が回復するという**脱馴化**がある。そしてその後に以前の刺激を再呈示すると再び馴化が起こるが，それは最初よりも早く進行する（図3-6）。

　馴化はこのように刺激般化が起こるし，刺激をある時間与えなければ反応は回復する。このような馴化の性質を利用して，言語反応のまだできていない乳幼児の注意や記憶を研究する場合の客

conditioned response, reinforcement, extinction, generalization, discrimination, habituation, dishabituation

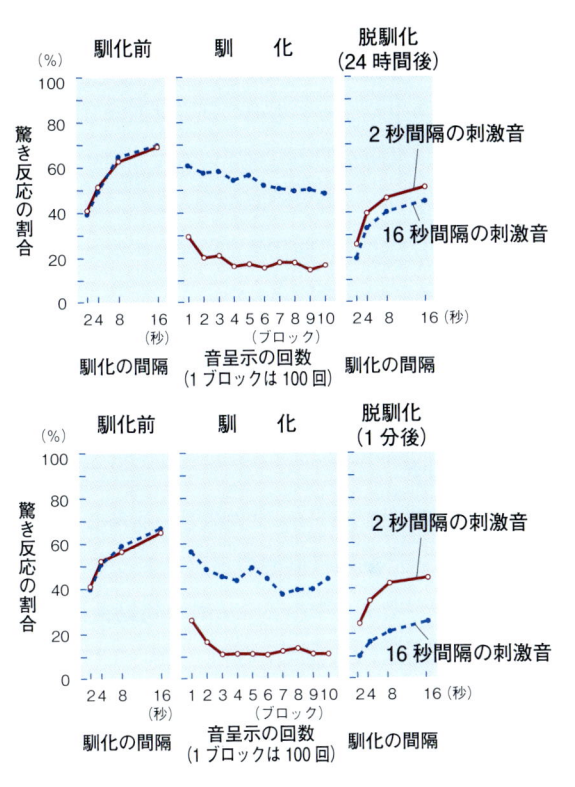

図3-6 馴化の実験の例（Davis, 1970）

大きな音を鳴らしたときには白ネズミは飛び上がって驚き反応を示すが，それを反復すると馴化して反応数は減少する。刺激音の間隔が16秒よりも2秒のように短いほど早く馴化する。しかし脱馴化を見ると，短い間隔（2秒）で馴化したほうが，長い間隔（16秒）で馴化した条件よりも脱馴化の効果は大きい。その差は24時間後のほうが，1分後よりも小さい。

観的指標として，どのような刺激を弁別できるか，同一と見るのかという知覚の研究や，どの程度時間が経過すれば脱馴化が起こるのかという記憶の研究に用いられる。

🔴 条件性抑制（制止）

条件反応が起こらなくなってもその反応は消滅したのではなく，なお存在しているが発現が抑えられているだけである。これを**条件性抑制（制止）**という。音で唾液が出るようになったイヌに音と光を同時に呈示したときに強化せずに消去すると，光が条件反応の出現を抑制するという機能をもつようになる。つまり，条件反応の起こっているときに条件刺激以外の刺激が呈示されると新しい刺激への反応が起こって（注意がひかれ）条件反応の生起が抑制されるのである。

🔴 情動条件づけ

音や光の条件刺激が電気ショックや激しい痛みなど無条件刺激と条件づけられると，動物は刺激の出現によって後にくる電気ショックなどを怖がるようになる。これを**情動条件づけ**とよぶ（Topic 参照）。これにより，脈拍の増加，血圧の上昇，筋肉緊張，頻尿などの影響が現れる。条件づけられると，その条件刺激の呈示されている間は，動物は，恐怖によって反応の抑制が起こる。古典的条件づけはこのように感情に影響し，他の日常活動を抑制する原理となる。近年では心的外傷後ストレス障害（PTSD）の説明にも用いられている。

条件刺激と無条件刺激は内臓反射のような場合でも成立する。のどが渇いた状態にした白ネズミに，白ネズミの好きな味の水（たとえばサッカリン水）を飲ませて条件刺激とし，その後で気分を悪くするような薬（無条件刺激）を注射すると，その経験で

conditioned inhibition (suppression), emotional conditioning

Topic　恐怖心の古典的条件づけ

　行動主義を唱えたワトソンは，恐怖心のような情動も古典的条件づけで形成されると考え，生後 11 カ月のアルバート坊やを対象に実験を行った（図 3-7）。①最初，アルバート坊やは，白ネズミを見ても何の恐怖心も示さなかった。②次に，白ネズミを見せると同時に，ハンマーで大きな音を聞かせると，驚いて泣き出した。これを何度か繰り返した。③すると，アルバート坊やは，白ネズミを見ただけで恐怖心を感じて，泣き叫ぶようになった。④さらに，白ウサギなど，白い毛のあるものに対しても，恐怖心を示すようになった（般化）。

①白ネズミに対して好奇心を示す。

②白ネズミと同時に大きな音を反復呈示する。

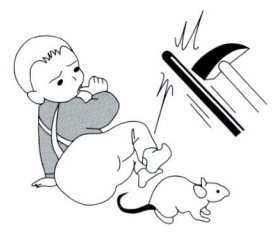

③白ネズミに恐怖心を示す。

④白い毛のあるものに恐怖心を示す。

$\begin{bmatrix} 白ネズミ（CS） \longrightarrow 顕著な反応なし \\ 大きな音（US） \longrightarrow 恐怖反応（UR） \end{bmatrix}$
〔白ネズミ（CS）　 \longrightarrow 恐怖反応（CR）〕

図 3-7　恐怖心の古典的条件づけ (Watson & Rayner, 1920)

Watson, J.B.

白ネズミはつぎに条件刺激としてのサッカリン水をかいだだけでもう飲まなくなる。これを**味覚嫌悪学習**とよぶ。これはただ1回の条件刺激と無条件刺激の継時呈示で学習が成立するのが特徴で，人間でも日常の食べ物で経験することがある。

試行錯誤学習

ソーンダイクは複雑な仕掛け（ひもを引くと扉が開くなど）がしてある問題箱にネコを入れ，ネコがその仕掛けを操作して脱出に成功するまでの時間を測った。ネコはいろいろな場所を引っ掻いたりして外へ出ようとする試みをやるが，そのうちに偶然に1つの試み（ひもを引く）が成功して脱出できる（図3-8）。同じネコを何回も問題箱に入れると，脱出に成功する時間がしだいに短縮した。ソーンダイクは**効果の法則**でこれを解釈した。成功するまでにネコはそれまでもっている反応レパートリのうちから，いろいろな反応（引っ掻く，鳴くなど）を試みるが，効果のあった反応（引っ掻くことでひもを引く）は強化され，効果のなかった反応（鳴くなど）は弱くなるので，次回から成功した反応がまず現れるようになるとし，これを**試行錯誤**による学習とした。おそらくヒトであれば問題箱を見ただけで，どうすればよいかの見通し（**洞察**）が瞬時に得られることとは対照的である。ソーンダイクはネコが快と感じた状況が，その直前に起こった事象，すなわち場面Sと反応Rとの結合を強め，不快と感じると結合が弱まると解釈したので，SR強化説ともよばれる。

オペラント条件づけ（道具的条件づけ）

ソーンダイクが見出したような，特定の誘発刺激がなくとも生体が自発的に行うような反応を形成させることを**オペラント条件づけ**ないしは**道具的条件づけ**とよぶ。スキナーは中のレバーを押

taste-aversion learning, Thorndike, E.L., law of effect, trial-and-error learning, insight, operant conditioning, instrumental conditioning, Skinner, B.F.

オペラント条件づけ（道具的条件づけ）　　　　　57

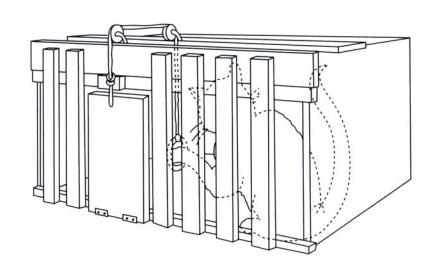

図 3-8　ネコが入れられたソーンダイクの問題箱

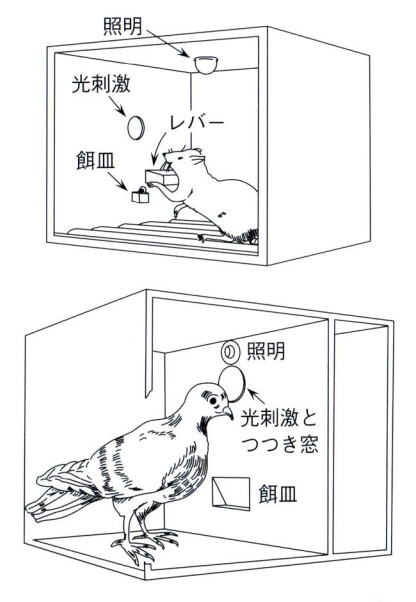

図 3-9　スキナーの作製したスキナー箱
ハトで実験する場合はレバーでなくくちばしでつつくことのできるような，光点を呈示する。

せば餌粒が出てくるという箱を作った（図 3-9）。このスキナー箱に入れられた白ネズミはいろいろな行動をするが，偶然にレバーを押して餌粒が出るようになりそれを食べる。このように餌で強化された白ネズミは次回からは空腹の程度に応じてレバーを何度も押して餌粒を出して食べるようになる。

　レバーを押す操作は食欲を満足させる「道具」のようなはたらきとなるので道具的条件づけともよばれる。餌を食べて食欲が満足されることでレバーを押すという反応が強化され，押さない限り強化されない。だから自発的に反応を出すことが学習の基本条件であり，反応に強化が随伴することが学習の基本原理である（強化随伴説）。オペラント条件づけでも，強化しないで条件刺激を反復呈示すると条件反応は起こらなくなり消去される（図 3-10）。一方，こうして獲得された反応（行動）は，たまにしか強化しないという**部分強化**または**間欠強化**のほうがその反応（行動）は長く維持されるし，たとえ強化がなくなっても，その消去スピードも緩やかである。

学習と強化

　学習を成立させる**強化**とは生理的**動因**（あるいは**要求**）を低減させる刺激または事象である。生理的動因（欲求）や要求は，生物が生存に必要な最適水準の生理的条件（体内の酸素，体温，血液成分，水分などの量）から逸脱したときに，もとの最適水準への復帰への要求である。これはホメオスタシス（p.110 参照）とよばれる（例：飢えに食物，渇きに水）。これらの生理的動因を満足させて低減させる刺激は**強化子**または強化刺激とよばれ，食物や水などがそうである。しかし最初は中性的で生理的動因を低減するものではないが，食物や水などの **1 次強化子**または**無条**

partial reinforcement, intermittent reinforcement, reinforcement, drive, need, reinforcer, primary reinforcer, unconditioned reinforcer

学習と強化　　　59

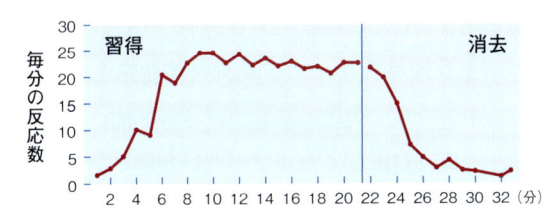

図 3-10　白ネズミのレバー押し反応の習得と消去の曲線
(Schwartz & Reisberg, 1991)

Topic　潜在学習

　学習に強化は必ずしも必要ではないという証拠もある。その実験では，白ネズミの迷路学習で目標に到達すればいつも餌をやる（常に報酬あり）条件と，最初の10日間は餌をやらず，11日目から餌をやる（11日目まで餌の報酬なし）条件と，迷路の中では餌をやらない（餌の報酬なし）条件の学習曲線を比較した（図3-11）。11日目に初めて餌を与えられた条件でも最初から餌を与えられた条件をたちまち追い抜き，餌をやらなかった10日間に何らかの学習が進行していたことがわかる。これを**潜在学習**とよんでいる。つまり，迷路内を右や左に曲がるというような細かい反応を学習しているのではなく，迷路全体の配置（**認知地図**）が学習されたのである（認知地図説）。

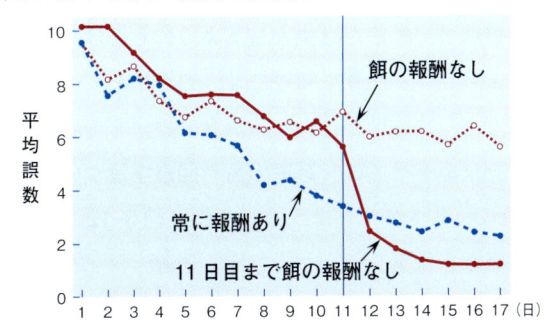

図 3-11　潜在学習の実験での3群の各試行ごとの平均誤数
(Tolman & Honzik, 1930 を一部改変)

latent learning, cognitive map

件性強化子と連合することによって反応形成の強化力をもつようになったものを**2次強化子**または**条件性強化子**という。飢えた白ネズミがスキナー箱で何度も餌粒の出る音を聞いてからそれを食べていると，餌粒が出なくなって音だけが聞こえるようにしても，その音が2次強化子となって学習が起こる。人間では愛情，賞賛，達成，そして金銭が強い2次強化子となっている。2次強化子はそれが1次強化子の裏づけがある間だけ強化力をもっているが，2次強化子自体が目的となることがある。金を貯めることだけを目的にしているようなものである。花輪，メダル，カード，食券などのような強化子の代替物はトークンとよばれ，トークンを与えてよい行動を促進することを**トークンエコノミー**という。

賞　罰

　反応の後に与える強化刺激が快を与える場合は**報酬**または賞，不快の場合は**罰**となる。賞罰はどちらも情報を与える機能（何をすればよく，何をしてはいけないのか）と，情動（喜びや恐怖など）を起こすという2つの機能がある。学習をさせる手続きとしては情動を起こしてしまうと，状況の認知が妨げられるので，情報としての機能をできるだけ働かせるようにしなければならない（表3-2）。なかでも，逃避や回避によって不快刺激（床からの電気ショックなど）の解消が行われる場合には，その場に留まるという間違った反応をせずに，**逃避学習**や**回避学習**が成立する（表3-3）。しかし，セリグマンはシャトル箱（図3-12）の中にイヌを入れて，床から電気ショックを与える逃避学習を行ったが，このときにどのように反応しても電気ショックを与えることを繰り返すと，逃避学習がまったく成立しなくなった。このように，行動の「無力感」を学習することを**学習性無力感**とよび，ヒトでも

secondary reinforcer, conditioned reinforcer, token economy, reward, punishment, escape learning, avoidance learning, Seligman, M.E.P., learned helplessness

賞　罰

表3-2　オペラント条件づけの方法

	快刺激	不快刺激
刺激の呈示	正しい反応をすれば賞（快刺激）を与える（正の強化）。 ↓ 反応するようになる。 【例】餌がもらえる行動，ほめられた行動をする。	間違った反応をすれば罰（不快刺激）を与える。 ↓ 反応しないようになる。 【例】電気ショックを受けた行動，叱られた行動はやらない。
刺激の除去	正しい反応をしなければ賞（快刺激）のとりやめ。 ↓ 反応しないようになる。 【例】おやつをもらえないのでいたずらをしなくなる，単位をもらえないので欠席しなくなる。	間違った反応をしなければ罰（不快刺激）の解消（負の強化）。 ↓ 反応するようになる。 （逃避，回避をすると電気ショックなどの嫌なことを受けなくてすむ）。 【例】嫌な授業は教室から抜け出る→逃避。 レポートを期限までに提出する（単位を落とさないため）→留年の回避。 支払いを期日までに返済する（利息をとられないため）→損失の回避。 生ものは冷蔵庫に入れる（腐らせないため）→腐敗の回避。

表3-3　オペラント条件づけの負の強化手続き

逃避学習	予告なしに不快状況が起こり，不快状況が起こってから行動をしてその状況から逃げられたので，それ以後は，なるべく早く行動すればよいことを学習する。
回避学習	予告の後で不快状況が起こり，行動によってその状況から逃れられると，それ以後は，予告刺激の呈示だけでその状況はまだ起こっていないのに状況を避ける。

図3-12　逃避・回避学習用のシャトル箱（Miller, 1948）
2つの区画のどちらかにネズミを入れ，予告ブザー音とその区画の床からの電気ショックを与えると，安全な区画に移動する（逃避学習）。さらに予告ブザー音と電気ショックを繰り返すと，予告ブザー音を聞くと安全な区画に移動して電気ショックを回避するようになる（回避学習）。セリグマンはこれをもとにしたイヌ用のシャトル箱を使用した。

positive reinforcement, negative reinforcement

起こり，これが抑うつの原因になると考えられている。これらを心得ていることは，子どものしつけ，動物の訓練にとって，必要なことであるが，問題はその個体にとって，何が快であり，何が不快であるかを熟知していなければならないことである。

🔴 反応形成

　私たちも含めて動物の行動は同じ目的のために行ったものでも，状況によっていろいろな形をとる。これを**反応変動性**とよぶ。反応変動性は，それまで個体には現れなかった新しい行動を学習するのに必要な重要な意味をもっている。反応変動性は特に動物を調教訓練して，複雑な行動をやらせたり（盲導犬の訓練や，イルカ，アシカ，オットセイなどの曲芸の訓練など），心理療法の一つである行動療法を行ったりすること（言葉を発しない緘黙や恐怖症の治療など）を可能にする。

　方法としては基本的には形成しようとする長い複雑な行動を，いくつかの短い行動単位（スモール・ステップ）に分割し，その行動単位が反応変動性によって出現するのを待ち，出現すれば即座に強化（餌などの報酬を与える）して学習させ，ついでつぎの小さな行動単位を学習させるというように，徐々に長い複雑な行動を形成していく。この手法は**逐次接近法**とよばれる。一挙に長い行動系列を学習させようとしても不可能であり，長い行動系列を部分となっている小さな行動単位に分けて徐々に形成していくことが複雑な行動を学習する原理である（**反応形成：シェイピング**）。

🔴 般化と弁別

　たとえばハトに赤色の刺激を呈示したときに餌で強化すると，最初，赤色だけでなく，緑色を呈示してもつつくという反応が起こる。強化されたもとの刺激だけでなく，他の刺激を呈示しても

response variability, successive approximation, shaping

Topic 弁別学習と移調

2つの刺激（たとえば直径 160 mm の円と 100 mm の円）を同時呈示し，つねに一方の刺激（たとえば 160 mm）を選択すれば強化し他方の刺激（100 mm）は強化しないで動物を訓練した後，別の2つの刺激（たとえば 256 mm と 160 mm）でテストをすれば，動物はどちらの刺激を選択するだろうか。もし 256 mm の円を選択すれば，それは餌があるのは大きいほうという関係が学習され，その関係から以前に強化されていなかった刺激を選択し，相対判断ができたことになる。これを要素が変化しても全体の関係がそのまま残るという音楽における移調に準じて，**移調**反応とよぶ。一方，160 mm の円を選択すれば，それまで強化されていたということで絶対判断をしていることになる。明るさ，太さ，数，濃さなどの次元でも移調実験がなされている。

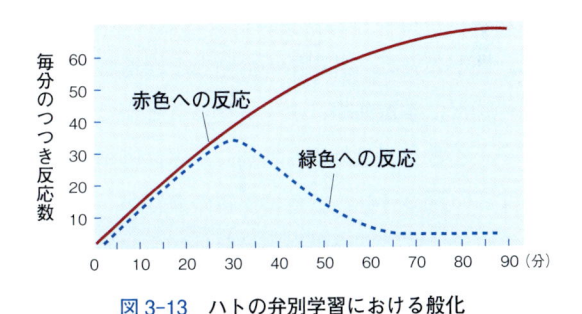

図 3-13 ハトの弁別学習における般化
(Schwartz & Reisberg, 1991)

赤色刺激の呈示のときに強化すると，最初は緑色刺激に対しても反応が起こる（般化）が，緑色への反応には強化しないようにすると，やがて弁別が進行して緑色に対する反応は減少し，赤色刺激のときだけ反応が起こるようになる。

transposition

反応が出現することを**刺激般化**または**般化**という。しかしやがて強化された刺激の呈示のみに反応が起こり他の刺激には反応が起こらなくなる。2つの刺激の**弁別**すなわち**弁別学習**が進行したためである（図3-13）。刺激般化の大きさは2つの刺激の類似性に依存し，類似しているほど般化は大きい。

反　　復

　学習における**反復**の意義は学習の成立前後で異なる。成立以前では，まず刺激面で見ると，反復によって，学習状況の広範囲の手がかりに注意を向ける機会が増大し，学習成立に関連する刺激に遭遇する確率が増加する。反応面では，反復によって，より変化に富んだ反応を起こす機会が増大し，学習成立に関連する正反応を行う確率が増加し，強化を受ける可能性が増加する。

　学習成立以後の反復では反応時間が減少し冗長な手がかりや反応は省略される。長い反応系列による行動は圧縮され行動が自動化，無意識化し複数の動作の同時遂行が可能となり熟達化が起こる。十分な反復，すなわち**過剰学習**が要求される学習としては，算数の九九，漢字の書記，外国語の会話などがある。

　学習の進行状況は**学習曲線**によって見ることができる。学習曲線は反応率や正答数などで見ると増加し，誤反応率や反応時間で見ると減少する（図3-14）。さらに学習の進行が，最初に著しく，しだいに限界に達するような場合には負の加速度曲線となり，最初になかなか上達しないが，要領がわかると急速に上達するような場合は正の加速度曲線となる。多くの場合には両者をあわせた特徴をもつ**S字形曲線**の形をとる（図3-15）。

　非常に長期にわたる技能学習では途中に学習進歩の停滞が見られ，これを**プラトー**（**高原**）という（図3-14）。通常はその後で

stimulus generalization, generalization, discrimination, discrimination learning, repetition, overlearning, learning curve, S-curve, plateau

反　復

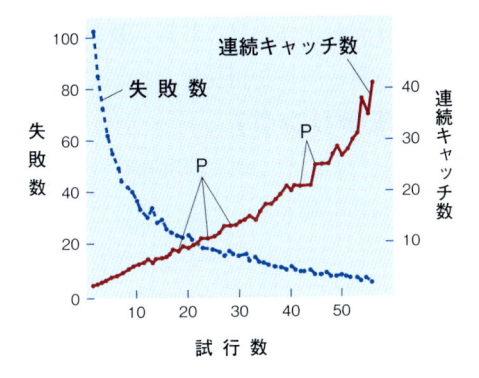

図 3-14　学習曲線（Peterson, 1917）
キャッチボールの技能の学習曲線。学習曲線には途中で学習が進行しないプラトー（Pの部分）が見られる。

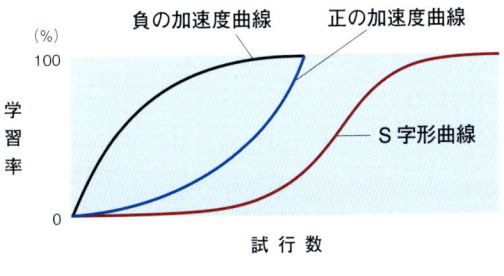

図 3-15　学習曲線の類型

大きな飛躍が起こるが、これはそれまでの学習方法を変更する時期である。しかしただ反応を反復しただけでは上達は見られず、反応した結果がどのようになったかという結果の知識（KR）をもつことによって学習の上達が見られる（図 3-16）。特にどれほどよかったかという量的結果を知らせると効果が大きい。

観察学習（モデリング）

直接経験により試行錯誤や、過去経験から自ら発見して学習することは時間がかかり失敗も多い。人間社会では他人の熟練した行動を観察し、模倣して学習していることが多く、これを観察学習またはモデリングとよぶ（表 3-4）。観察したことを模倣する行動の作用としては、他者と一緒であることによる社会的促進作用（p.188 参照）と、モデルの行動が特定の対象や場所に注意を向けさせる局所的増強がある。また、動物の場合でも観察による学習はある。たとえばチェーンを引けば餌がとれるようにしておくと、本来ならば試行錯誤しないと学習できないのに隣の箱のサルが別のサルの行動を見ていてすぐにできた。また九州の幸島のサルの群れでイモの砂を海水で洗い塩味をつけて食べるという行動は、1 匹がそれを発明してやると群れの他のサルもそれを模倣して、その群れの文化となった。

人間の子どもについてもこのような実験は行われている。モデルの大人が大きいスポンジ人形を叩く映像を子どもに見せる実験で、報酬の代理強化群の子どもにはモデルの大人が別の大人にほめられている映像を見せ、罰の代理強化群は人形をいじめたことを叱られている映像を見せ、その後に子どもを同じ玩具が置いてある部屋へ一人で置いて遊び方を観察する。報酬の代理強化群の子どもは、先に見た大人の行動の模倣をしたが、罰の代理強化群

knowledge of results, KR, observational learning, modeling

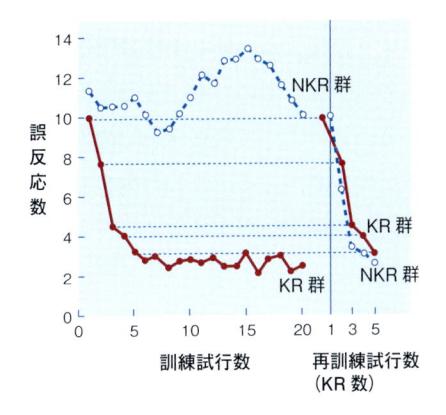

図 3-16 結果の知識（KR）の効果によるレバー操作技能の学習曲線
（Bilodeau et al., 1959 を一部改変）

KR 群：結果の知識あり
NKR 群：結果の知識なし
NKR 群に結果の知識を与える 5 試行を経験させると（再訓練試行），KR 群の最初の 5 試行（比較のために再掲）と同程度に学習が進行する。このことから NKR 群は訓練試行中には何も学習していなかったことがわかる。

表 3-4 観察学習（モデリング）の特徴

模倣される行動の特徴	複雑な行動ほど模倣されない。 乱暴な行動ほど模倣されやすい。 どこまでがよいかという判断基準も模倣されやすい。
モデル行動の結果	報酬の多い行動ほど模倣されやすい。
学習者の特徴	年少児は年長児よりも模倣しやすい。 男子は攻撃行動を女子よりも模倣しやすい。
場面の多義性	多義的なほど模倣が多い。 困難度は中程度のものが，高いまたは低いものよりも模倣されやすい。
テレビの影響	小学 3 年生では暴力的テレビの視聴率と子どもの攻撃性とが関係し，10 年後の攻撃性とも相関があった。

は模倣行動が少なかった。ただし，罰の代理強化群の子どもも大人の模倣をするように促すと，同じように模倣行動を行えたことから行動そのものは学習していたが，実行を抑えていただけだということがわかる。このように観察学習での模倣成立に必要な条件は，①モデルへの注意，②モデルの行動の記憶保持，③モデルの動作の再現能力，④模倣を促す誘因と学習者側の動機づけであることがわかる。

　観察学習に影響するモデルには両親，教師，友人，スポーツ選手，タレントなどが多いが，モデルの態度，年齢，性別，モデルと学習者との類似性なども要因となっている（表 3-5）。近年では，観察学習を行う学習者自身の主体的活動がよりいっそう重視されるようになり，個人的な学習活動も含んだ**自己調整学習**とよばれるタイプの学習方法が注目されてきている。同様に，**状況に埋め込まれた学習**とよばれる主体と環境（他人や人工物など）との相互作用の視点から学習活動をとらえ直すことも行われてきている。

● 記　憶

　日常生活で**記憶**の重要なことは誰でもよく知っている。忘れ物をしたり，約束を忘れたり，漢字を忘れたりしたときに，特に痛切にそれは感じられる。

　忘却にはさまざまな形態がある（図 3-18）。日づけや場所などを伴うエピソード（出来事）や知識の忘却はごく普通に起こるが，漢字や外国語の忘却だけではなく人名や地名を忘れ，顔を見ても誰だかわからないということすらある。意図の忘却は，これから何かをしようと思っていたのにそれを忘れることであり，自分の予定に関する記憶であるから過去のエピソードを回想する**回想的記憶**と区別して，**展望的記憶**とよばれることもある。私たちは通

self-regulated learning, situated learning, memory, forgetting, retrospective memory, prospective memory

表 3-5 観察学習で起こる学習の種類とモデルの例

嗜癖(しへき)(両親, 配偶者, 仲間から)	喫煙, 飲酒, 薬物摂取, 趣味, 買い物など
恐怖症(両親から)	不潔恐怖, 暗所恐怖, クモ恐怖, ヘビ恐怖など

Topic 自己調整学習

　従来の「学習」が比較的受動的であったのに対して, 自己調整学習では, 文字通り「自分で学習を調整していく」という側面を強調している。たとえば, ①テスト前になれば, ふつう何らかの計画を立てて, 勉強の時間配分やどのような方法で勉強するかを決めるだろう。つぎに, ②この計画にそって勉強を実行し, 途中で, 時間配分や選択した方法が効果的かどうかを確認し, 必要があれば, 修正するはずである。そして, ③得られたテストの結果から, 自らの達成度を知ったり, その理由などを考える(省察する)。このような①計画, ②実行・確認, ③省察という3段階のすべてを自分自身で調整し, これらが一連のサイクルとなって繰り返されるのが自己調整学習である (図 3-17)。

　計画, 実行・確認, 省察のそれぞれの段階で効果的に学習が進むための学習方略には, 情報の収集, 自分の現時点での能力の評価, 環境の整備をはじめとした, さまざまな種類が考えられている。このとき, それぞれの段階で, どの学習方略を選び, それをどのように効率よく使うのか, といったメタ認知と呼ばれるものが, 自己調整学習がうまくいくために重要である。

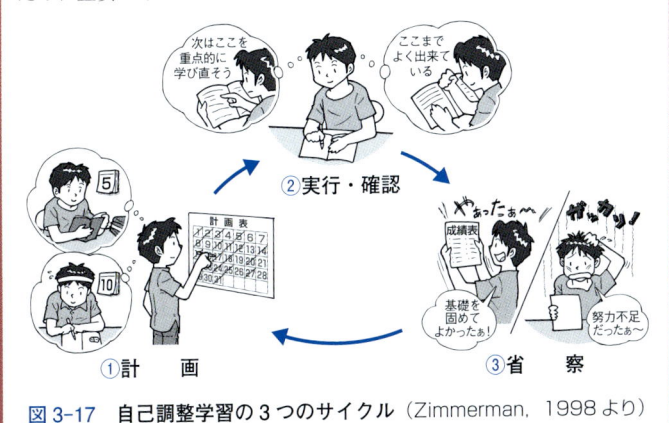

図 3-17　自己調整学習の3つのサイクル (Zimmerman, 1998 より)

learning strategy, meta cognition

常はあらかじめやるべきことを考えておいて，その機会がくれば実行できるようにしているが，実行せねばならない時期や場所にきていても，実行を忘れることがある。

　日常生活でよく見られる忘れ物は何かを使用した後の原状復帰操作，すなわち後始末の忘却である。環境はもともと人間の必要に応じて活性化しやすいようになっている（水道の蛇口を開ける，ライトをつける）が，用件がすめば逆操作をしてもとの状態に戻しておかないとつぎから使用できなくなる。また必要に応じて道具を移動させなければならない（傘の持参，財布を出して払う）が，使用がすめば回収してもとの位置に戻さなければならない。置き忘れると紛失しやすい。場所の忘却も道に迷うなどして日常よく起こることであるが，行動空間だけでなく物を収納した場所の忘却もよく経験する。私たちの記憶は生活空間の場所が大きな手がかりとなっているからである。言葉の記憶ではカードの暗唱番号のような数字や外国の地名など意味をもたない固有名詞は特に忘却が早く，記憶にごく短期間しかとどまらず，定着させようと思えば繰返し復唱（リハーサル）をしなければならない。

🔴 記憶の時間的過程

　記憶は人間にとって重要であるのに記憶力には限界があるので，内的に頭で覚えるだけでなく外的にも道具などを使用して覚える（図 3-19）。時間的な経過としては，まず最初に，記銘または符号化という過程がある。ここでは知覚が前提となっているが，特に対象に注意を集中して意味づけをしたり，何回もリハーサルをして深い水準まで情報を処理しておくと記銘されやすい。視覚的なものを音声に変えたり，指の動きにして覚える記銘的操作（特にこれを符号化とよぶこともある）も一般的である。記銘の外的

rehearsal, memorization, encoding

記憶の時間的過程

```
忘却
├─ 日づけや場所などを伴うエピソード（出来事）の忘却
│  （回想的記憶の忘却）
│  └─ 誰とどこでいつどういう映画を見たかの忘却
│
├─ 知識の忘却
│  ├─ 再生の低下
│  │  ├─ 項目
│  │  │  ├─ 漢字の忘却
│  │  │  ├─ 外国語の単語の忘却
│  │  │  └─ 人名の忘却
│  │  └─ 系列
│  │     ├─ 挨拶の忘却
│  │     └─ 台詞の忘却
│  └─ 再認の低下（熟知性の喪失）
│     ├─ 顔を見てもわからない
│     └─ 写真を見てもわからない
│
├─ 意図の忘却（展望的記憶の忘却）
│  ├─ メール，書類，レポートの出し忘れ
│  ├─ 買物のし忘れ
│  └─ 約束（デート，会議出席）の忘却
│
├─ 原状復帰操作の忘却（後始末の忘却）
│  ├─ 逆操作の忘却
│  │  ├─ 火の消し忘れ
│  │  ├─ 電源の切り忘れ
│  │  └─ 水道の蛇口の閉め忘れ
│  └─ 使用後の回収の忘却
│     ├─ 視聴したDVDの出し忘れ
│     ├─ 持参した傘の持ち帰り忘れ
│     └─ 使った財布，手帳，ノートの戻し忘れ
│
├─ 場所の忘却
│  ├─ 道を忘れる（迷う）
│  └─ 物品を収納した場所の忘却
│
└─ 意味をもたないものの忘却
   ├─ いま聞いた電話番号を忘れる
   └─ 一時的なパスワードを忘れる
```

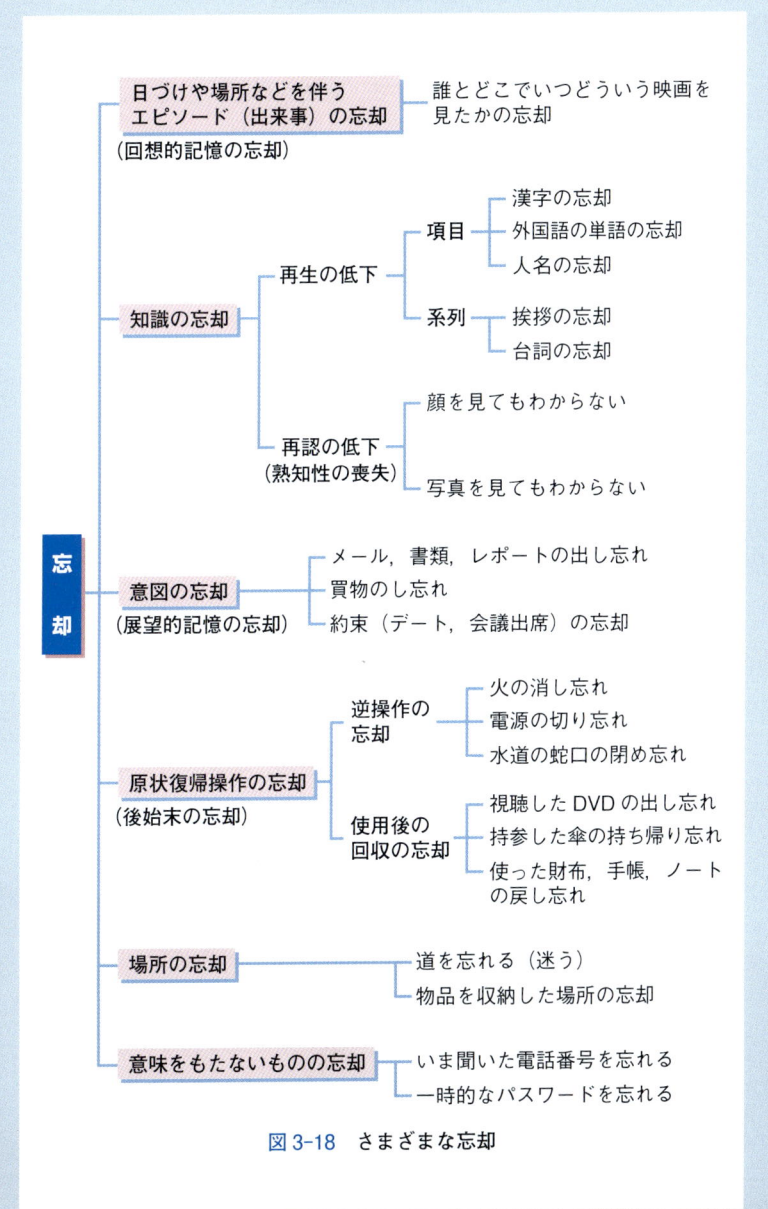

図 3-18 さまざまな忘却

行動としてはメモをとったり録音したり写真にとったりする。記銘した内容が後に想起されるまで，忘却されないで残っていることを**保持**または**貯蔵**という。脳のどの部分でどのように保持されているか，具体的なことは完全にまだ明らかになっていない。しかし記銘してから**想起**するまでの間に脳に急激な変化が起こったり，精神的にショックを受けると保持が損なわれる。記銘した記憶内容を探して再現する過程を**検索**ともよび，検索には**再生**と**再認**と**再構成**という様式がある。再生はイメージとして想起したり，それを書いたり，話したりして思い出すことであり，再認は記銘した対象を知覚して思い出すことである。町で群衆の中に以前の友人の顔を見つけるのも再認である。将棋や碁の場面を，終わってから並べられるのは再構成である。

再生や再認の直前に，想起する内容と関連する刺激を受けると，再生や再認が促進される。このように，先行する刺激を見たり聞いたりすることで，それに続いて呈示される刺激の記憶が促進されることを**プライミング**という。

記憶では再生や再認ができたときに同時に懐かしいとか，腹が立つとか，悲しいなどと感情が伴うのが普通である。自分の昔の写真アルバムを見て楽しんだり，同窓会で昔の友人に逢う楽しみも記憶が感情を伴うことを示している。記憶と感情の密接な関連性を示す例には，この他に記銘時や想起時の感情（気分）と一致した色あいの記憶が，そのときの感情（気分）に一致しない記憶よりも優れるという**感情（気分）一致効果**とよばれる現象もある。さらにはまた，予期せぬ事故や事件を知って衝撃を受けた際に，自分がどこで何をしていたかという状況の記憶が鮮明に残る**フラッシュバルブ記憶**もある。

retention, storage, remembering, retrieval, recall, recognition, reconstruction, priming, affect (mood) congruent effect, flashbulb memory

記憶の時間的過程

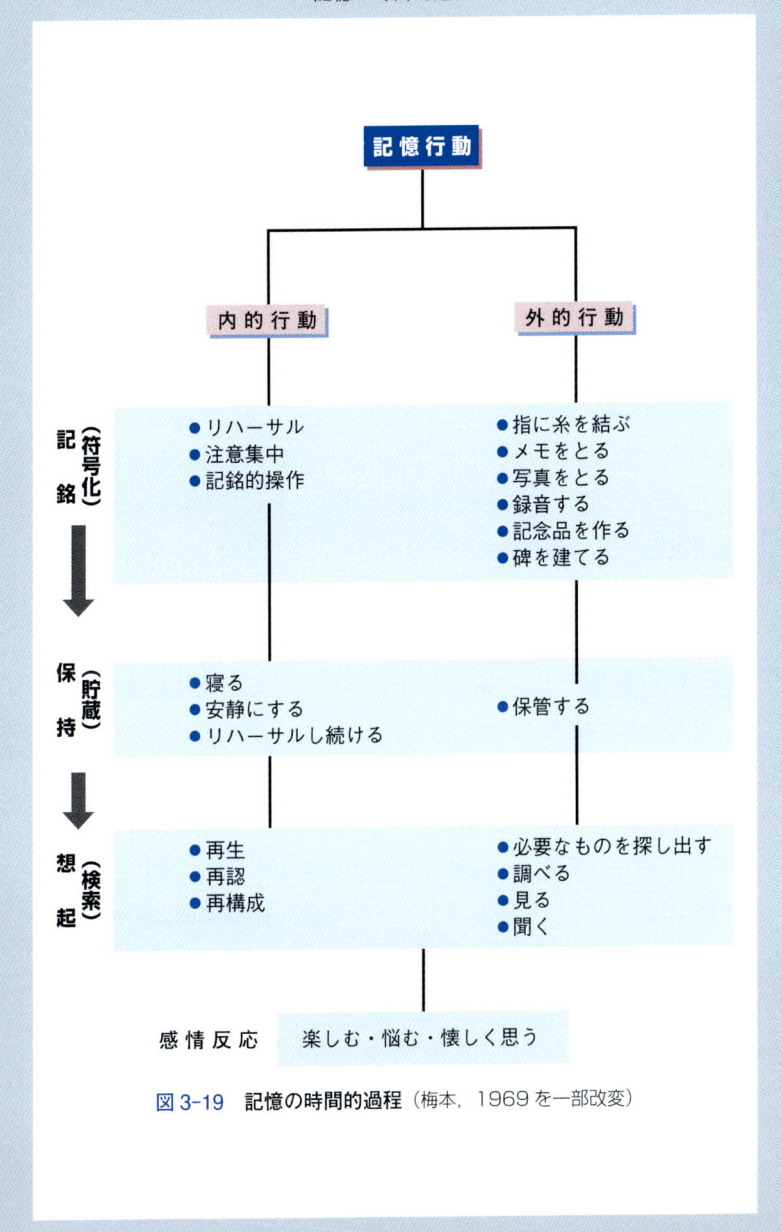

```
                        ┌─ 記 憶 行 動 ─┐
                        │              │
                   内的行動          外的行動
```

記銘（符号化）
- 内的行動：
  - リハーサル
  - 注意集中
  - 記銘的操作
- 外的行動：
  - 指に糸を結ぶ
  - メモをとる
  - 写真をとる
  - 録音する
  - 記念品を作る
  - 碑を建てる

保持（貯蔵）
- 内的行動：
  - 寝る
  - 安静にする
  - リハーサルし続ける
- 外的行動：
  - 保管する

想起（検索）
- 内的行動：
  - 再生
  - 再認
  - 再構成
- 外的行動：
  - 必要なものを探し出す
  - 調べる
  - 見る
  - 聞く

感情反応　楽しむ・悩む・懐しく思う

図 3-19　**記憶の時間的過程**（梅本，1969 を一部改変）

記憶の種類

感覚記憶　私たちの知覚している内容はすべて感覚器官に一応は入力されるが，その中で注意の集中されたものだけが記憶にとどまる。注意されなかった内容はごく短時間感覚器官にとどまってすぐに消える。これを感覚記憶という。それを測定するには注意の限界を超えた文字（たとえば9個）を3×3の文字マトリックスにして短時間（たとえば50ミリ秒）呈示した後，その中の位置を1つ指示してここにあった文字は何かと再生させる（部分報告法）（図3-20）。この方法によると数字の感覚記憶は1秒以内に約50％まで低下することがわかる。また呈示する数字を1個から2個，3個と順次増加させて，そのたびにすべてを報告させる（全体報告法）と，呈示された数字が4個，5個以上増加しても，正答は増加しないことがわかる（図3-21）。おそらく報告している間に感覚記憶は消滅するからであろう。

短期記憶　感覚器官から入力された情報は短期記憶に音韻や心像の形に変換されて貯蔵される。しかし短期記憶の容量には限界があり，注意して聞いていても，ただ1回呈示された数字列や文字列は平均して成人で7±2個すなわち5～9個しか記憶できず，10個を超えると1度聞いただけではほとんど記憶できない。1回呈示されて呈示通り再生できる範囲を記憶範囲といい（図3-22），これは精神年齢とともに上昇するので発達検査に組み込まれている。しかし「ルヌハホヘ」というような無意味な5文字でなく「カモメミドリクルマハサミ」のような意味のある単語は，たとえ12文字もあっても，3文字ずつの単位（チャンク）にまとめられるので前者よりも文字数にしてずっと記憶範囲は大きくなる。記憶されたものを忘れないようにするには，たえずリハー

sensory memory, partial report (procedure), whole report (procedure), short term memory (STM), memory span, chunk, rehearsal

記憶の種類　75

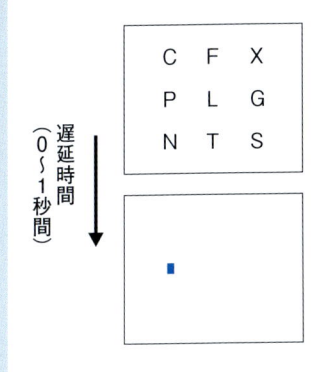

遅延時間（0〜1秒間）

図 3-20　部分報告法で呈示する文字マトリックスと位置手がかりの例
位置手がかりが呈示されるまでの時間を変えて報告数を調べる。

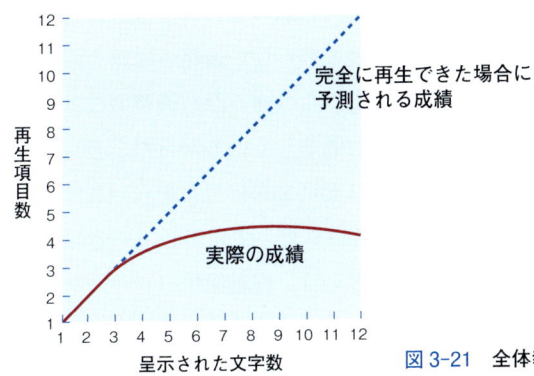

図 3-21　全体報告法の成績

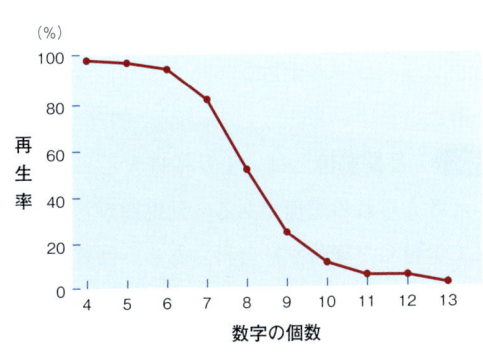

図 3-22　数字の記憶範囲（梅本，1979）

サルしていなければならず，リハーサルを妨害されると保持できない（図 3-23）。

作動記憶（ワーキングメモリ）

計算するときには前の桁からの繰り上がりを記憶しながら同時に計算しなければならないし，会話をしているときには前の発言でどんなことを言ったかを記憶しながら自分の会話を組み立てないと会話の筋が通らない。動物でも花の蜜を吸う蜂は，すでに吸ってしまった花を記憶しておいて同じ所へ2度も行かないようにしている。白ネズミを中央の台から放射線状に出た8本の通路の終点ごとに餌を置き自由に食べさせると，すでに食べてしまって餌のない通路へはほとんど入らない（図 3-24）。これは先に食べた（通った）通路のことを記憶しておきながら，同時に探索行動をしているからだと考えることができる。このように一時的に記憶を保持しながら（これが短期記憶に該当），同時に計算や会話でたえず使用している記憶を**作動記憶（ワーキングメモリ）**という。作動記憶（ワーキングメモリ）は心の中でのリハーサルに該当する**音韻ループ**と，心の中の視覚的イメージ（p.16 参照）に該当する視覚的メモ（**視空間的スケッチパッド**）という2つの記憶保存システム（従来の短期記憶）と，それらをコントロールするシステムより形成されているというモデルで解釈されている。

長期記憶

長期記憶とは，より長続きし，ほぼ無限の記憶容量をもつと考えられる記憶である。幼児期から小中学校，高校，大学を通じて学習した理科や社会科，あるいは算数の九九や漢字などは，私たちの知識となって記憶されている。このように，知識となっているような記憶を**意味記憶**とよび，構造化されている（図 3-25）。また，先週の日曜日に誰とどこでデートしたとか，

working memory, phonological loop, visuo-spatial sketchpad, long term memory (LTM), semantic memory

記憶の種類　　　　　　　　　77

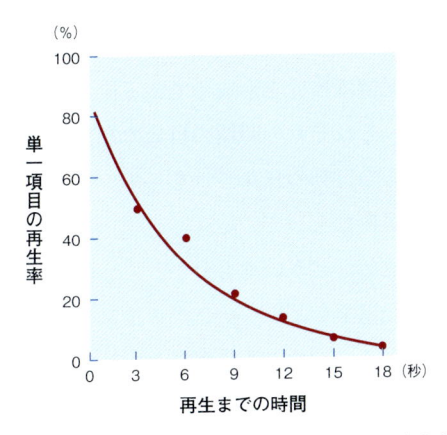

図 3-23　リハーサルを妨害した際の単一項目の忘却曲線
(Peterson & Peterson, 1959)
数字の逆唱をさせてリハーサルを妨害すると単一項目の記憶でも18秒もたない。

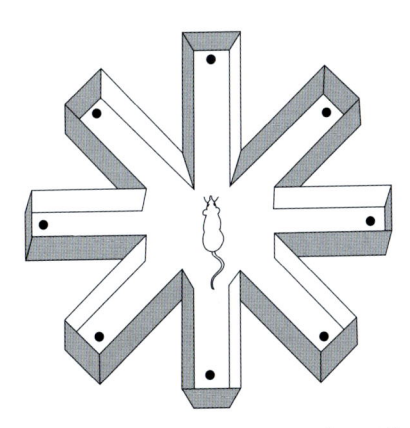

図 3-24　白ネズミの作動記憶（ワーキングメモリ）の実験
(Olton & Samuelson, 1976)
白ネズミを中央に置き，8本の通路の終点すべてに餌を置いて自由に食べさせると，同じ通路にほとんど入らず順次餌を食べていく。

どういう映画を見たということは，日づけや場所を伴う記憶であり，自分の日記のような記憶である。これを**エピソード記憶**という。エピソード記憶は自分を形成している核となっている**自伝的記憶**ともよばれ，それぞれの時期の自分の行為は後に想起され自分自身でたえずその行動の意味づけをして，自分のアイデンティティを確立する根拠となっている。

たとえば，学校とはどういうものかという概念（知識）は，さまざまな経験の記憶をもとに，そこから抽象化された一般的なものを作りあげている。このような概念や知識のまとまりの記憶を**スキーマ**とよぶ。この他にクツひもの結び方やレストランでの食事の仕方（注文―食事―支払い）など手続きについての記憶もある。単位のとり方など長い一連の系列的順序のある手続きの記憶を**スクリプト**という。

🔴 顕在記憶と潜在記憶

意味記憶やエピソード記憶（自伝的記憶）は想起する際には「記憶を思い出している」という意識が伴うので**顕在記憶**とよばれることがある。これに対して，過去の記憶経験を想起しているという意識の伴わない記憶は**潜在記憶**とよばれる。潜在記憶には技能やプライミング（p.72 参照），古典的条件づけなどが含まれ，それぞれの記憶に関連した脳部位も特定され始めている（図 3-26）。潜在記憶は顕在記憶と比較して，長期間にわたって忘却が起こりにくいことや，いったん獲得された潜在記憶は干渉（p.82 参照）を受けにくいなどの特徴を備えている。このように，2 つの記憶を分ける証拠としては，海馬（内側側頭葉）とよばれる部分に損傷を受けた**健忘症**の者であっても，潜在記憶には何ら問題が認められないということがあげられる。

episodic memory, autobiographical memory, schema, script, explict memory, implicit memory, amnesia

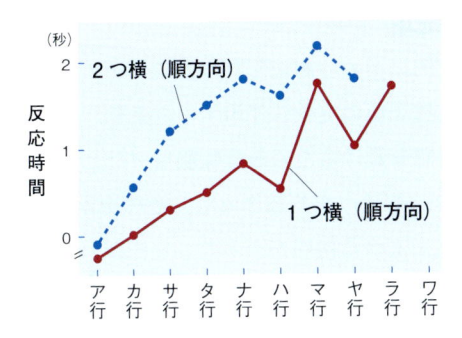

図 3-25　意味記憶の方向性（梅本，1978）
知識となっている 50 音図で「すぐ横の文字は何か？（例：キ→シ）」，「2 つ横のは何か？（例：キ→チ）」と答えさせると反応時間は 50 音図のあとのほうが長くかかる。すぐ前とか 2 つ前といった逆方向はもっと長くかかる。このように知識には方向性がある。

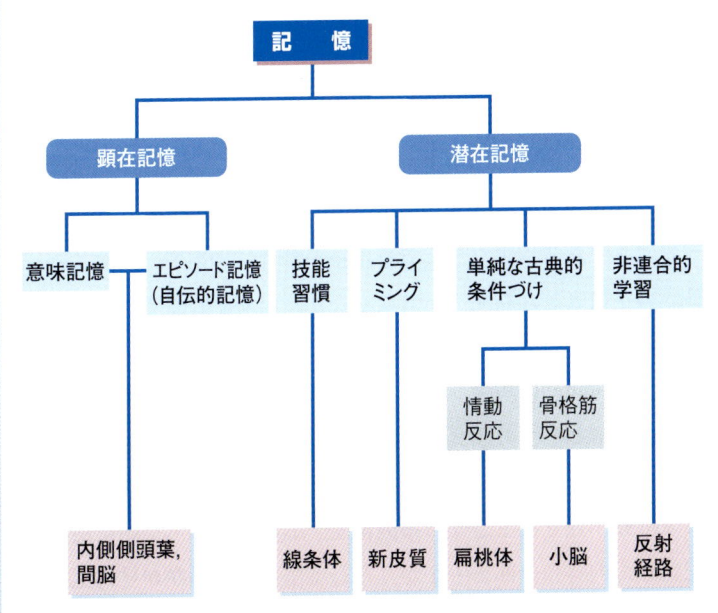

図 3-26　記憶の分類と関係する脳部位との対応
（Squire & Knowlton, 2000 を一部改変）

記憶の測定

記憶を科学的に初めて測定したのはエビングハウスである。エビングハウスは記憶の実験に使用する言葉を，すでにもっている知識からの連想を避けるため**無意味綴り**（たとえば日本語であればルヌ，ハホ，ヘメ）を多数作成し，その中からたとえば10項目完全に記銘するのに何回かかったかを記録し，1週間後にふたたび完全に記銘できるまでの回数を測定した。この**再学習**には最初より少ない回数ですむので，両者の差を最初の記銘回数で割って**節約率**とし，それが最初の記憶が残って保持されていることを表すと考えた。最初の記銘から再学習までの時間間隔をいろいろと変化させて**保持曲線**または**忘却曲線**を初めて測定した（図3-27）。現在では単純に再学習するだけでなく，他のテスト課題（たとえば単語完成や語彙判断）へのプライミングの効果から間接的に潜在記憶の影響を見ることが多い。

記憶の実験に使用される材料は無意味綴りだけでなく，単語，数字，図形（有意味，無意味），文章，物語などがあり，長さもさまざまである。また想起できた量や割合に加えて，記銘した記憶内容を検索した結果，あったかなかったかが判断できるまでの時間が測定されることもある。

記憶の再現には**再生**，**再認**，**再構成**があることはすでに述べた。再生の変形として外国語の単語を dog―イヌのように対にして記銘し，後にその片方を呈示して他方を再生するのを**対連合学習**とよぶ。順序通り再生させる**系列再生**，順序に関わらない**自由再生**，記銘した内容の一部を手がかりとして呈示する**手がかり再生**がある（表3-6）。また，再生の際に文字で書かせる書記再生と言葉で言わせる口頭再生とがある。再認は基本的には**既知感**の大小に

Ebbinghaus, H., nonsense syllable, relearning, savings score, forgetting curve, recall, recognition, reconstruction, paired-associates learning, serial recall, free recall, cued recall, familiarity

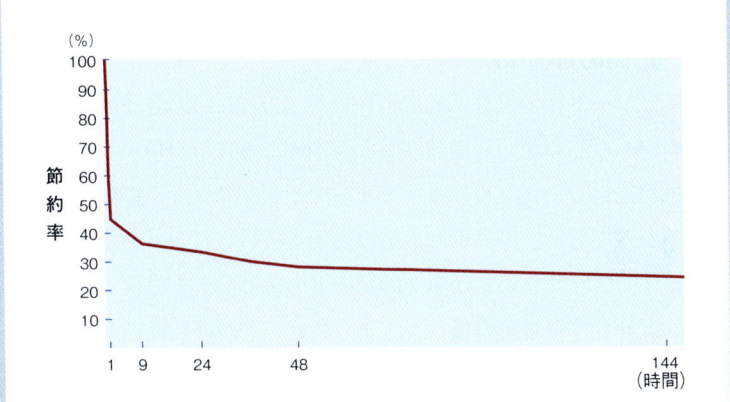

図 3-27　エビングハウスの保持曲線または忘却曲線
(Ebbinghaus, 1897)
節約率は，無意味綴りのリストの再学習にもとづいている。

表 3-6　さまざまな再生方法

対連合学習（適中法）	カモノハシ— duckbill（学習）　カモノハシ—？（再生）
系列再生	東京から新宿まで中央線の駅名を順番に言いなさい
自由再生	現在の大臣の名前をすべて言いなさい
手がかり再生	試行錯誤を唱えた学者は？　ソー□ダ□ク

よって検索し判断している（図 3-28）。この判断時間は記憶がどのように構造化され貯蔵されているかなどを解明できる重要な情報を含んでいる。再構成は構成すべき構造についての知識（スキーマ）の大小が大きく影響する。

🔴 記憶のゆがみ

エピソード記憶（自伝的記憶）の想起の際には，さまざまな形のゆがみ（思い違い，勘違いなど）が起こることが多い。これは記憶が想起時の状況や知識（スキーマやスクリプト）に依存しているからである。自動車どうしの衝突事故の写真を見せて，想起時に「衝突時（ないしは激突時）の車のスピード」を聞くと，「衝突」よりも「激突」のほうが，よりスピードが速く見積もられると同時に，車のフロントガラスが割れていたというように，実際には起こっていなかった**フォールスメモリ**または**虚記憶**を誤って思い出す。これは最初に見た映像の記憶と，事後に与えられた情報をもとにイメージした映像の記憶の区別（これを**ソースモニタリング**または**情報源識別**とよぶ）に失敗したためである。記憶のゆがみは，事故や事件の**目撃者の記憶**の取り扱いの際に留意しなければならないことである。

🔴 記憶の相互干渉

記銘の前後に別の記銘をすると妨害効果がある。朝に記銘したことを夕方再生するよりも，寝る前に記銘したことを翌朝再生するほうが成績がよい（図 3-29）。昼間いろいろと活動すると朝記銘したことの記憶は妨害されるからであると考えられ**逆向抑制**とよばれる。逆に直前に記憶したことが後の記憶を妨害するのを**順向抑制**という。これらのことは，単純に時間の経過だけが忘却の原因ではないことを示している。

false memory, source monitoring, eyewitness memory, retroactive inhibition, proactive inhibition

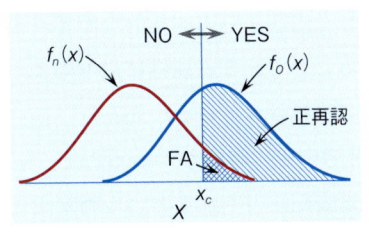

$f_O(x)$：すでに呈示された項目に対する既知感の分布
$f_n(x)$：呈示されていない項目に対する既知感の分布

図 3-28　再認における既知感の分布と再認判断

再認において，既知感がある一定水準（x_c）以上であれば「あった」（YES）と判断し，以下であれば「なかった」（NO）と判断する。基準の甘い人は，なかったものをあったと虚再認する（FA；false alarm）可能性があり，基準の厳しい人は，あったものもなかったという間違いをする可能性がある。

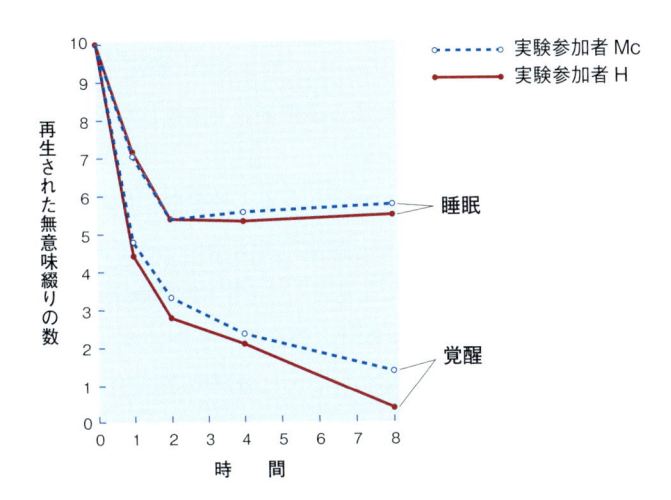

図 3-29　2人の実験参加者が記銘の後，覚醒していた場合と睡眠していた場合の忘却の差（Jenkins & Dallenbach, 1924）

覚醒していると逆向抑制が起こり忘却が大きくなる。

忘却説

忘却は記銘された内容が脳の器質的な障害によって消失（**崩壊**または**減衰**）することで起こる以外に以下のような広い意味での**干渉**も原因として重視されている。

1. 記憶したことの定着に時間がかかるので、記憶した直後に別の作業をやると定着が妨害されるという**固定**説。
2. 記憶した時点と再生までの間に類似した経験が蓄積すると、目標の痕跡だけを取り出して再生するのが困難になるという**記憶痕跡**の累積を重視した説。
3. 最初の学習の後に別の学習をすると、条件づけの消去と同様に、前の学習が解体される**学習解除**説。
4. もとの連合と類似の連合を作ると再生のときに反応が葛藤するという**反応競合**説。
5. 不快な経験は想起したくないので無意識的に**抑圧**（p.163）されているという精神分析派による感情要因を重視した説。

記憶術

無意味なものをイメージや有意味なものや安定した記憶に変換結合させる方法（**精緻化**）で、語呂合せもその一つである（例：$\sqrt{2} = 1.41421356$ 一夜一夜に人見ごろ、$\sqrt{5} = 2.2360679$ 富士山麓オウム鳴く）。すでにローマ時代に雄弁家キケロは演説をする前にトピックのイメージを会場の柱ごとに結びつけておいて、壇上からそれを見ながら話すべき内容を思い出していた。このようにイメージ（精緻化）と場所（**体制化**）の利用が**記憶術**の原理である。

---

forgetting, decay, interference, consolidation, memory trace, unlearning, response competition または competing response, repression, elaboration, organization, mnemonics

Topic 記憶の病理

　再認の異常として，初めて遭遇したことでもすでに見たことがあるという既知感を伴うもの（**デジャビュウ**または既視感）や，よく知っているのに初めてのような奇異感（**ジャメビュウ**または未視感）を伴うことがある。病的な記憶障害は脳の損傷と大きな関係がある。脳の障害で起こる大きな忘却を健忘（症）とよんでいるが，その原因は脳の器質的な障害（外傷，脳梗塞，脳血栓などの脳血管障害，脳腫瘍，脳炎，アルツハイマー症候群やコルサコフ症候群などの脳変性）や電気ショックなどのほか，心理的な要因でも起こる。多くの場合，逆向健忘となるが前向健忘もある。心因性の健忘は強いストレスやショックで起こり，自分の現在の状態や場所，時間がわからなくなり，自分の氏名も忘れることがある。しかし潜在的には記憶は残っているので，催眠などで回復させることもできることがある。自我がいくつかの部分に分離したためという**解離**という概念で説明されている。

déjà vu, jamais vu, dissociation

参考図書

篠原彰一（2008）．学習心理学への招待［改訂版］――学習・記憶のしくみを探る――　サイエンス社

学習と記憶の両方に関して，図表が多く，丁寧に解説されている。

実森正子・中島定彦（2000）．学習の心理――行動のメカニズムを探る――　サイエンス社

山内光哉・春木　豊（編著）（2001）．グラフィック学習心理学――行動と認知――　サイエンス社

2冊とも学習の専門書でありながら図表が多く読みやすい。

メイザー，J. E.　磯　博行・坂上貴之・川合伸幸（訳）（2008）．メイザーの学習と行動　日本語版第3版　二瓶社

専門的であるが丁寧に読めば情報量が豊富なので深く理解できる。

森　敏昭・岡　直樹・中條和光（2011）．学習心理学――理論と実践の統合をめざして――　培風館

教授学習場面も含んだ人間の「学習」に重点が置かれている。

シャクター，D. L.　春日井晶子（訳）（2002）．なぜ，「あれ」が思い出せなくなるのか――記憶と脳の7つの謎――　日本経済新聞社

高橋雅延（2011）．変えてみよう！　記憶とのつきあいかた　岩波書店

高橋雅延（2014）．記憶力の正体――人はなぜ忘れるのか？――　ちくま新書　筑摩書房

3冊とも日常場面に触れながら，わかりやすく丁寧に記憶の特徴が解説されている。

フォスター，J. K.　郭　哲次（訳）（2013）．記憶　星和書店

記憶の全般的なしくみが平易に解説されている。

高橋雅延（2008）．認知と感情の心理学　岩波書店

認知心理学の入門書だが，3～4章が記憶，5～7章が言語や思考に関するもので，感情要因が含まれているのが特徴。

佐藤浩一・越智啓太・下島裕美（編著）（2008）．自伝的記憶の心理学　北大路書房

日本認知心理学会（監修）　太田信夫・厳島行雄（編）（2011）．現代の認知心理学2　記憶と日常　北大路書房

　2冊とも記憶全般の専門書で，関連文献が多く載せられている。

スクワイア, L. R.・カンデル, E. R.　小西史朗・桐野　豊（監修）（2013）．記憶のしくみ（上）（下）　ブルーバックス　講談社

マッガウ, J. L.　大石高生・久保田競（監訳）（2006）．記憶と情動の脳科学──「忘れにくい記憶」の作られ方──　ブルーバックス　講談社

　2冊とも専門家による学習や記憶の脳研究の解説書で，比較的読みやすい。

横山詔一・渡邊正孝（2007）．記憶・思考・脳　キーワード心理学シリーズ3　新曜社

　この分野のキーワードに関して丁寧に解説されている。

意識・思考・言語 4

　意識・思考・言語は互いに密接に関連し合っている。通常，思考が起こるためには明晰な意識の集中が必要である。しかも，多くの場合，思考には言語が関与している。また，思考を含んだ意識内容は言語で表現できることが多い。このような関連があるにもかかわらず，かつてこれらは科学的心理学本来の研究領域ではないとされていた。なぜならば，意識内容は意識している本人だけが経験できる主観的な世界であるために，客観的に調べることができないと考えられていたからである。しかし，最近の認知科学や脳研究の進歩によって，つぎつぎと重要な事実が見出され，これまでとは違って，心理学の中心問題になりつつある。そのもっとも大きな理由は，心を考える際に，意識だけでなく，無意識のはたらきについても考えなければならないことが解明されてきたためである。

意 識

　意識はある時点においてある人の心を流れていく感覚，知覚，記憶，表象，感情，などの総体をさしている。しかし社会ではさまざまな意味に使用されている。①気絶したときに，よんでも答えない状態を意識不明といい，②誰かの視線を意識しているというように気がついていることをさし，ときには自意識過剰といわれる。③座っている椅子の冷たさや固さを意識しないというように，感覚の順応（p.23参照）や馴化したときの状態をいう。

　18・9世紀の心理学は意識心理学とよばれるように，意識すなわち心と考えた。しかし意識だけが心かどうかが問題となり，昼間の星のように見えないが存在する無意識の重要性がしだいに認識されるようになった。そして，通常の意識状態の他にさまざまな多くの意識状態があることがわかってきた。

変性意識状態　　脳の状態との関係で，覚醒（喚起）水準の程度によって高い極限の幻覚のある状態から，鎮静して瞑想にある状態までの変性意識状態を連続次元上で考えることができる（図4-1）。これらの変性意識状態はさまざまな方法や薬物によりコントロールされる（表4-1）。

睡眠と夢　　意識状態は脳の電気活動すなわち脳波（EEG）の変化と対応している（図4-2）。リラックスした閉眼の意識状態では8〜13ヘルツのアルファ波といわれる脳波が見られるが，仕事をすると13ヘルツより高い（通常13〜35ヘルツの）ベータ波とよばれる速い脳波が現れるようになる。睡眠に入ると，よりゆっくりした4〜7ヘルツのシータ波が見られ，さらに深い睡眠（段階3と4）になるとデルタ波（0.5〜4ヘルツ）が見られる。しかし，深い睡眠のときに眼球が急激に動いて脳波も速くなる

consciousness, unconsiousness, arousal level, altered states of consciousness, electroencephalogram；EEG

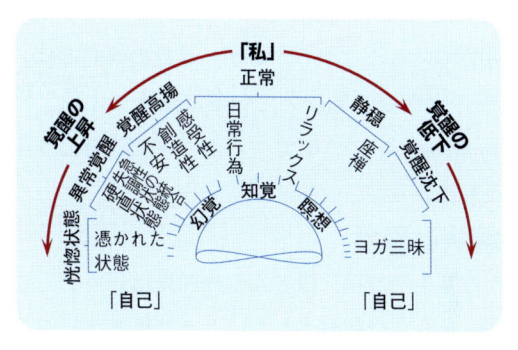

図 4-1 変性意識状態（Fischer, 1971を一部改変）
ふだんの意識状態の「私」がまん中で，覚醒が上昇すると左側の幻覚状態に移行し，覚醒が低下すると右側の瞑想状態に移行する。

表 4-1 意識のコントロール

意識をコントロールする方法	感覚遮断，催眠，瞑想（座禅，念仏，ヨガなど），バイオフィードバック，自律訓練など
意識に影響を及ぼす薬物	刺激剤 覚醒剤 興奮剤：カフェイン（コーヒー，茶），ニコチン（たばこ），コカイン，アンフェタミン（ヒロポン，シンナー），MDMA，エクスタシーなど 鎮静剤：アルコール，トランキライザー，バルビチュール（睡眠薬） 幻覚剤：LSD，フェンサイクリジン（PCP），マリファナなど

（脳が活発に活動している）という矛盾した段階がある。これは**レム睡眠**とよばれ**ノンレム睡眠**と交代で周期的にあらわれる。この時期に起こすと80％の者が夢を見ていたというのでレム睡眠が夢と関係していることがわかるが，最近の研究ではノンレム睡眠でも50％の者が夢を報告している。成人で1晩で約4回，睡眠時間の約22％がレム睡眠であるが，そのときは同時に心拍，血圧，呼吸も乱れる。

問題解決と思考

私たちの日常生活では，ほとんどの問題は習慣的行動で解決されているが，それでは解決されないときに**思考**が起こる。思考は目的性をもっているので意識を明晰にしなければならないが，意識状態が低下したときの自閉的な思考（夢に類似した**白昼夢**）もある。

問題解決にはさまざまな型がある。まずパズルの知恵の輪のように対象をいろいろと動かしてみる試行錯誤による解決がある（p.56 参照）。ついで碁や将棋，あるいは数学の幾何のように直観に頼り，見通し（洞察）の必要な解決がある（p.56 参照）。いわゆる三段論法による推論や数式による推理は言語的思考である。

問題解決は時間を必要とし，いくつかの段階を経過する。その過程は，出発点の模索の段階，目標意識が起こって方向づけができる段階，解答が予想できて見当がつけられる段階，具体的な方法やプロセスを探索できる段階，などである。

発明や創作などの創造的な問題解決の過程は①準備期，②あたため期あるいは孵化期，③インスピレーションの起こる啓示期，そして最後に④検証期がある。このうち①と④は意識的プロセスとして，②と③は無意識的プロセスとして，それぞれ考えられて

REM sleep, non-REM sleep, thinking, day-dream, problem solving

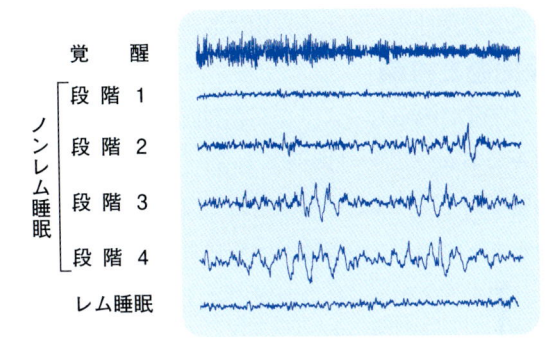

図 4-2 睡眠の深さと脳波
レム睡眠を除くと，睡眠が深くなると小きざみで速い波から，形が大きくゆっくりな波に変わっていく。

Topic　問題解決の方略

　ゆきあたりばったりでなりゆきまかせというのは無方略である（**方略**とは方法と同義だが，主体が能動的に関与することに重点の置かれた用語である）。仮説をたて見当をつけて解決を求めるというのが一般的である。だめな仮説は捨てる必要があるが，捨てたものは記憶しておかないとふたたび同じ試みをやる恐れがある。

　すべての可能性を列挙してしらみつぶしに検討する方略を**アルゴリズム**（枚挙法）といい，経験に基づきだいたいの見当をつけて，それを集中的に検討する方略を**ヒューリスティックス**（発見法）という。前者は原理的には必ず解決に至るが時間がかかる。

　ときには前の仮説と関係なくつぎの仮説をたてるという仮説の

(p.95 に続く。)

strategy, algorithm, heuristics

いる。問題状況の分析で特に重要な特徴だけを抜き出すことを抽象作用とよぶ。その場合に状況の分析では，問題の解決と関連する刺激次元と無関連の次元とを区別することが必要になってくる。

関係把握と推論

判断には知覚にみられるような存在判断（～は…である）と関係判断（AとBは～という関係にある）とがある。これらの判断から命題をたてて，それを積み重ねて現前の状況だけではわからない判断を下すのが三段論法といわれる。三段論法では2つの前提から結論を下すが，前提の命題には「すべての～は…である（ない）」という全称肯定（否定）判断と「ある～は…である（ない）」という特称肯定（否定）判断がある。この三段論法のように，一般的な前提から特殊な結論を導く推論を演繹または演繹的推論とよび，この場合，必ず結論の真偽が決まる。一方，特殊な前提（事例）から一般的な結論を導く推論を帰納または帰納的推論とよび，この場合は，結論の確からしさの程度が決まるだけである。帰納的推論では，前提となる事例を数多く調べる必要があるが，そうすると時間や労力がかかり記憶の負担も大きくなるので，ヒューリスティックスを使うことが一般的である。このため，それがバイアス（願望の混入，肯定的事例ばかりの収集，成立した結論に反する否定的事例の無視など）となって誤った結論が導かれることも少なくない。

表象と概念

環境世界の事物や出来事は非常に多種多様な変化をみせているので，このような環境に適応するためにはそこから規則性を見出して予測できるようにする必要がある。そのためには多種類のものでも類似しているものはまとめて少数の群（カテゴリー）にし，

proposition, syllogism, deduction, induction

(p.93 より続く。)

単発的適用をやる者がいるが，これは発達段階の遅れた者に見られる。

　組織的仮説検証では，つぎの仮説と前の仮説が関連している。仮説を支持する事例を正事例または肯定的事例，仮説に合わない事例を負事例または否定的事例という。負事例または否定的事例のみから推論するのは正事例または肯定的事例から推論するより難しい。

　自分の行う操作にとかくバイアス（前提に含まれる否定語などの雰囲気に左右されるなど）が入って解決を困難にしている。その事例としてつぎの問題がよく使われる（Wason, 1966）。

【問題】 つぎの4枚のカードにはそれぞれ一面に文字，他の面に数字が印刷してある。ここで，「もし一面の文字が母音であれば他の面の数字は偶数である」という法則が成り立つかどうかを調べるとすれば，裏返さねばならないカードはどれか（4枚カード問題，ウェイソンの選択課題などとよばれ，典型的な演繹的推論である）。

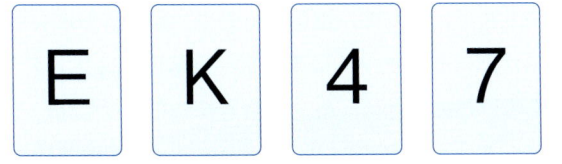

　　　　E　K　4　7

＊解答は p.104

これらをさらに弁別性（区別しやすいこと），記銘性（覚えやすいこと），操作性（小さくして動かしたり，変化させたりしやすいこと）をもった他の事物で代表させる（シンボルに変換する）という**象徴機能**が人間には発達してきた（表4-2）。事物の代表としては，事物それ自体の一部で全体を代表させる場合と動作，音声あるいは記号で代表させる場合とがある。乳児の指差しは象徴機能のはじまりである。同時的な代表は（特定の事物を他の事物から区別する）徴標とよばれる共通属性であり，時間的に先行している代表は兆候とよぶ。人工的に作成した徴標はレッテルであり，兆候は信号である。能動的に使用される手段的記号はシンボルである。

　意識の中の代表である**表象**には**心像**または**イメージ**（目を閉じても見える母の映像のようなもの），**観念**（目に見えない母の心の中の代表），**概念**（一般的な「母」の代表）がある。概念の本質的属性（意味内容または定義）を内包といい，適用範囲（その概念の成員の集合）を外延という。私たちは概念を厳密に論理的に考えているのではなく，野菜とはホウレンソウのようなものというように，自然の**原型**（**プロトタイプ**）をもっている。また概念には上位概念と下位概念があって，階層構造をもっている。たとえば乗り物には飛行機，電車，自動車，船，自転車などがあり，自動車にはバスやトラックや乗用車，乗用車には2ドア，4ドアなどがある。このように，概念は階層構造をもって知識として保存されている（p.78参照）。しかし，クジラは魚類ではなく哺乳類であるという正しい階層が幼児期から理解されているとはかぎらない。日常の会話で話す概念はそれほど上位（たとえば鳥類）でも下位（イエスズメ，ウタスズメ）でもなく基礎概念（スズメ）

symbolic function, representation, imagery, image, idea, concept, prototype

表4-2 表すものと表されるものの例

表すもの		表されるもの
姿勢・動作	指差し	指の延長上の方向にあるもの
音　声	ワンワン（擬音語）	その鳴き声を出すもの［イヌ］
	カンカン（擬態語）	その音声と感じの似ている状態［直射日光・激しい怒り］
	ツクエ	ある言語の体系の約束［机］
	リョウコ	命名［ある個人］
自然物	黒　雲（兆候）	その後に現れる状態［嵐］
	見えている耳（かくれんぼ）	その部分が含む全体［顔・人物］
	石ころ（ままごと）	その形と類似したもの［キャンディー］
	男	共通の特性（メタファー）［狼］
人工物	赤信号（信号）	状態［止まること・危険］
	葵の紋章（記号）	人物の家柄［徳川家］
	文　字（「る」，「海」）	音声または意味（音声［ru］，意味［うみ］）
	図書カード	同定に必要な情報で操作可能［実物の本］
	模　型（モデル）	大きさ，色，形，位置などで類似したもの［実物］
表　象	心　像（例：私の母）	その場にいないものの視覚的・聴覚的側面［母の顔・声］
	観　念（例：私の母）	記憶・思考の対象になるもの［特定の個人］
	概　念（例：母）	共通の属性をもった対象の集まり［万人の母］

とよばれる水準である。

概念学習

　概念学習とは**概念形成**ともいう。すでに形成されている概念のうちどれに相当するかを学習するのは**概念達成**とよばれる。概念には複数の属性によって規定され，「そして」で属性が結合されている連言（合接）概念（例：赤くて丸くて食べられるもの），「または」で属性が結合されている選言（離接）概念（例：休日とは日曜または祭日），関係ある属性で結合している関係概念（例：親子，兄弟姉妹，恋人）がある。概念は弁別的特徴（鉛筆：芯があり削れるもの）と操作的特徴（鉛筆：字を書くもの）とがある。自然に生成される概念は必ずしも論理的に構成されているのではなく，一つの典型的な正事例（原型またはプロトタイプ）を核として，あいまいな事例も包含したものである。人工的にファジーなカテゴリーを作って実験しても，人間は適切に判断できる。

　概念形成の基礎に**般化**と**弁別**がある（p.62 参照）。類似性により共通点を認知して**等価反応**をする（図 4-3）。複数の属性をもつ刺激は転移させることによって，どの属性を認知しているかがわかる。

　ところで概念はどのようにして学習されるのか（図 4-4）。自発的に学習する場合は疑問をもち事例や文脈から推測したり他人に聞いたり辞書を調べることで学習し，受動的な場合には教育されて学習する。学習には概念に当てはまる正事例と当てはまらない負事例の中から自由に選択できる状況（例：検事が証拠を集めて犯人を推定する）と，できない状況（例：医師が症例を集めて病名を診断する）とがある。概念形成の方略は仮説をたててそれを支持する事例があるかを検証する方略が基本である（表 4-3）。

concept learning, concept formation, concept attainment, generalization, discrimination, equivalence response

図 4-3 等 価 反 応

たとえば青い三角▲を呈示して強化し，その後で白い三角△と青い円●のどちらで等価反応をするかを見る。幼児期には色による等価反応（●）が多く，年齢の上昇とともに形による反応（△）になる。

【オークの葉】

【オークの葉以外】

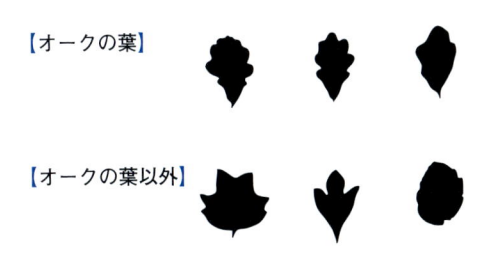

図 4-4 人間以外の動物でも自然概念が学習できるか
(Cerella, 1979)

ハトにさまざまな形の「オークの葉」のスライドを見せてつつけば強化し，オークの葉以外のスライドでは強化しない実験で，ハトはすぐにその概念を学習できた。

表 4-3 概念形成の方略

同時走査型	正事例からあらゆる可能な仮説をすべて考えて，すべての仮説を同時に検討する方略。
継時走査型	仮説を暫定的にただ1つに絞り，事例ごとにそれを順次検討していく方略。
漸進的焦点方略	仮説ではなく，正事例の1つに焦点を絞って記憶し，その属性の中で1つずつ属性を変化させて検討する方略。
賭け的焦点方略	1つの正事例を焦点とするが，直観で正事例らしきものを選択する方略。

過去の事例すべてと照合する必要があり記憶の負荷が高いので，資料を見ながら思考するなど，記憶負荷を減らす方略をとったほうが賢明である。

言　語

コミュニケーション　人間は社会的存在であり，共同生活を営むために互いに**コミュニケーション**をして意思疎通することが必要である。そのために送信系（話す）と受信系（聞く）のシステムが存在している。

人間以外の動物のコミュニケーションは，家族や交尾相手をよび寄せたり警戒させたり，敵を威嚇するために行われることが多い。動物が利用する媒体は音，光，化学物質などであるが，それぞれ送信系と受信系が生得的に備わっている。

言語の階層性　**言語**は文字ではなく音声が基礎となっている（表4-4）。文字の読み書きのできない人でも**音声言語**をもっている。また人間は他の動物と違ってさまざまな音素を発声する機能が脳と発声器官を含めて生得的に備わっている。音素にはa, i, u, e, oのような母音や，k, s, t, n, h, m, y, r, wのような子音があるが，これらは口腔などの発声器官の共鳴などを操作し，音色を変化させて起こる。音色の変化は連続的であるが，音声知覚では一定の範囲の音色を同一と見るカテゴリー知覚が発達している。音声知覚のカテゴリー性は乳児でもすでに見られる。音素の複合で音節（日本語であればカ，サ，タ，ナ，キャ，シャなど）ができる。さらにいくつかの音節が集まって単語となっている。単語が集まって文となるが，単語の語順には文法という規則があり，語順によって文の意味が異なってくる。さらに一連の文によって思想，主張，物語などが叙述される。このように言語には階層性があり，

communication, language, spoken language

表4-4　言語のさまざまな特徴

言い間違いに規則がある，こどもの発音の場合
音節の転置：アザラシ→アラザシ，テヌグイ→テグヌイ。
RとDの混同：ローソク→ドーソク。
チ音化：オサカナ→オチャカナ，クツ→クチュ。

音声言語と文字言語
母国語の音声言語能力は生得的，文字言語能力は学習が必要。
読み書き能力（リテラシ）率は，日本は世界最高の99％。

音声言語の発達（p.138参照）
言語発達には臨界期または敏感期があり，それは約1歳。
人間には言語を話す能力が先天的に備わっている。
第2言語（外国語）習得の時期が遅いとバイリンガルになれない。

意味と構文
言語には構造があり，文法がある。
主語，述語，接続詞，前置詞，疑問文，命令文，仮定形など。
構文論（シンタクス），意味論（セマンティクス）。

言語は何のために使用するか
知るため，説得するため，脅すため。
依頼，警告，感謝，命令，表現，求愛。
このことは語用論（プラグマティクス）で検討されている。
間接表現がある；例：コーヒーはどう？（いらないか）。

談話規則の理解
会話で発話する順番は交替，一人で独占してはいけない。
敬語の使い方，社会的地位の相互関係による。

文脈と状況
場所柄，人間関係，会話の文脈などに規定される。
求められている答えは何か（はい/いいえ，好き/嫌い，どうして（理由の説明））を考慮して答える。

pragmatics

基礎的な音韻知覚から語の順序の知覚，またそれに必要な作動記憶（ワーキングメモリ；p.76），全体の意味の認知，場面や文脈の知覚と，人間のあらゆる認知機能が動員されている。

文字言語による言語理解と言語産出　ここまで音声言語について述べてきたが，人間は動物と違って文字言語による送信である言語産出（書く）と受信である言語理解（読む）も行うことができる。音声言語と同様に，これらのプロセスに共通した特徴は，いくつかの独立した要素が階層的に配列されて処理が進んでいくというものである。たとえば，言語理解の例として，文章を理解する場合，最初に個々の単語の意味が解析され，次に単語どうしのつながりが構文論（シンタクス）によって明らかにされ（統語解析），最後に意味論（セマンティクス）により意味内容の解析が行われる（図4-5）。重要なことはこれらの一連の分析で知識（意味記憶）が関与しているということである。

言語と脳　脳の一部に損傷を受けたことが原因で言語の障害（失語症）があらわれることは19世紀からわかっていた。脳のブローカ野とよばれる部分の障害では（言語の理解はできるが）発話ができなくなってしまう（ブローカ失語または運動性失語）。また，ウェルニッケ野とよばれる脳の別の部分の障害では，流ちょうに発話できるが，理解ができない（ウェルニッケ失語または感覚性失語）。近年では，ニューロイメージングとよばれる技法を用いることで，リアルタイムで脳の活動部位がわかるようになり，この技法によって，失語症のタイプに対応して，理解や発話の際に活動する部位が異なっていることが確認されている（図4-6）。

written language, language production, language comprehension, syntax, semantics, Broca aphasia または motor aphasia, Wernicke aphasia または sensory aphasia, neuroimaging

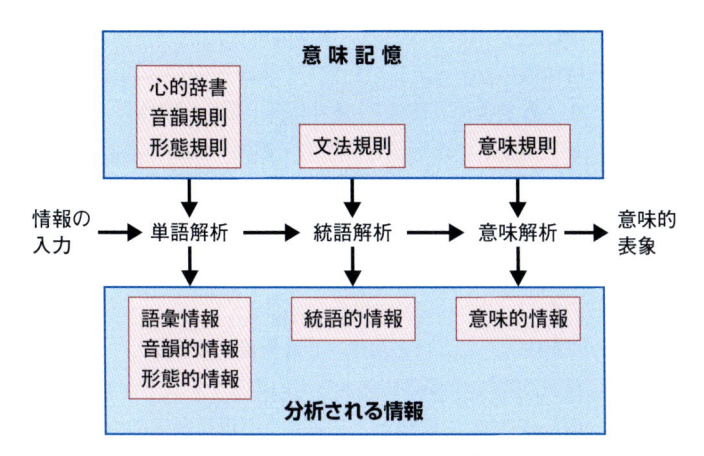

図 4-5　言語理解に関する簡略化されたモデル（高橋, 2008）

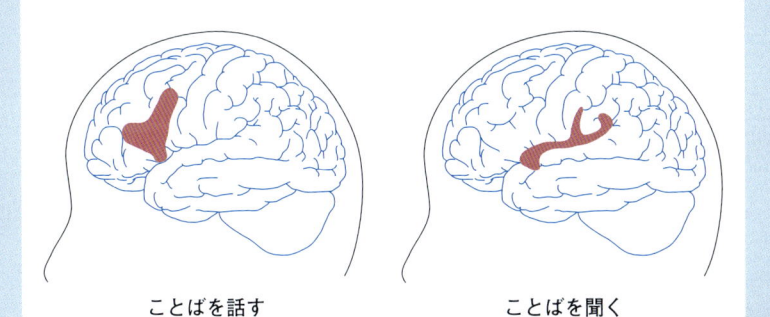

図 4-6　言語を話す場合と聞く場合の脳の活動部位の違い
（Medin et al., 2005 を改変）
ニューロイメージングの技法により，読みや思考の際の活動部位の違いなども細かく調べられている。

参考図書

ブラックモア, S. 信原幸弘・筒井晴香・西堤 優 (訳) (2010). 意識 〈1 冊でわかる〉シリーズ 岩波書店

　意識や自我に関する問題がわかりやすく解説されている。

カーター, R. 養老孟司 (監修) 藤井留美 (訳) (2012). ビジュアル版 新・脳と心の地形図——思考・感情・意識の深淵に向かって—— 原書房

　意識や思考も含んだ脳全般の研究の解説書。

ランド, N. 若林茂則・細井友規子 (訳) (2006). 言語と思考 新曜社

今井むつみ (2010). ことばと思考 岩波新書 岩波書店

　2 冊とも認知心理学の立場からの興味深い調査や実験が含まれている。

重野 純 (編) (2010). 言語とこころ——心理言語学の世界を探検する—— 新曜社

日本認知心理学会 (監修) 楠見 孝 (編) (2010). 現代の認知心理学 3 思考と言語 北大路書房

　2 冊とも専門書であるが, 比較的読みやすい。

ピンカー, S. 幾島幸子・桜内篤子 (訳) (2009). 思考する言語——「ことばの意味」から人間性に迫る——(上)(中)(下) NHK ブックス 日本放送出版協会

　言語を中心に, 人間の心のしくみ全般が著者独自の立場から解説されている。

＊p.95 Topic の問題の解答　E と 7

　最初に E を裏返すことは肯定的事例か否定的事例のいずれかが明確になるので正しい。しかし, 多くの者はつぎに 4 を裏返すという間違いをする。このカードの裏に母音があれば肯定的事例だが, 母音がなくても法則を否定できない。つまり「母音ならば偶数」という法則は, その逆 (すなわち「偶数ならば母音」について何も言っていない)。したがって, 7 を裏返して, 母音でなければ肯定的事例なので法則を確認できるし, 母音があれば否定的事例となるので (法則の反証となって) この法則を否定できる。

動機づけと情動 5

　人や動物の行動には，何らかの動機がある。周囲の状況がまったく同じであっても，同じ人が行う行動はときにより異なる。落ち着いていて何もしないこともあるし，そわそわと何かを探し求めることもある。後者の場合は，その人がそのときに何か必要としているものがあるのであろう。このように，人や動物を行動に駆り立てる原動力となっているものを，動機・要求・欲求・動因などとよぶ。さらに，そのような原動力が行動を導く全過程を動機づけとよぶ。

　また人は，喜んだり悲しんだり怒ったりする。これは感情・情緒・気分などとよばれ，心の中で感じるだけでなく，表情に現れ，行動に反映する。動悸や息が激しくなったり，冷汗をかいたりする身体的変化も生ずる。このような過程全体を情動とよぶ。

動機づけと情動

行動の原動力　私たちは望むものがすべて与えられ，欲することがすべて満たされてしまえば，おそらく何もする気が起こらないであろう。

人が行動を起こすのにはその背後に何らかの原動力がある。人が何らかの行動に駆りたてられる過程を**動機づけ**という（図5-1）。私たちが，自分自身なぜあのときそのようなことをしたのだろうかと不思議に思ったり，他の人が，なぜそのようなことをしたのか理解に苦しむことがある。自分や他の人の行動を理解するには，まず，その背後にある**動機**を理解する必要がある。動機は，**要求**，**欲求**，**動因**などともよばれる。

情　動　日常の生活のいろいろな場面で，私たちは喜び・悲しみ・怒り・恐れ・愛・不安・嫉妬・羞恥・愉快・不愉快というような**感情**を体験する（図5-2）。感情はこのような主観的経験をよぶ。

このような心の状態を引き起こす条件はさまざまである。ときには身体の具合により，あるいは環境からのいろいろな刺激によって，そのときどきの感情がよび起こされる。努力のかいあって目標に到達したときには喜びと満足が，突然の地震には驚きと不安が，他人の目前で侮辱されたときには怒りが，それぞれ体験される。持続的な感情状態を**気分**とよぶ。

感情は動機づけと密接な関係がある。また感情の表出には個人差ばかりでなく，年齢差・性差・文化差も著しい。このような感情の体験，その表出，身体的変化を含めて全過程を**情動**という。

motivation, motive, need, desire, drive, feeling, mood, emotion

図 5-1　西宮神社で行われる福男選び
　　　　　（写真提供：毎日新聞社）
年に一度の行事で「福男になりたい」という欲求が，参加者に全力を出させる。

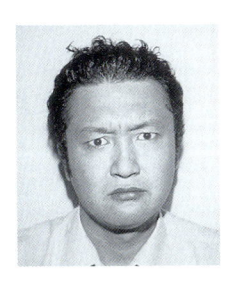

図 5-2　人はさまざまな感情を体験し表情に表す

動機づけ

基本的動機と社会的動機 動機には，食欲や渇き，あるいは性欲のように個体の生命の維持あるいは種の保存のために欠くことのできない**基本的動機（1次的要求）**と，多くのものを所有したい，他の人と競争して勝ちたい，よい地位につきたい，有名になりたい，他の人と仲良くなりたい，あるいは他の人を支配したいなど，社会生活の中から生まれてきた**社会的動機（2次的要求）**とがある。基本的動機は，人間であれば，誰であっても，また，どのような民族に属し，どのような文化の中で育っていても，ほぼ同じようにもっている動機であり，多くの動物とも共通している（図5-3）。しかし，社会的動機は，それぞれの民族，それぞれの文化によって必ずしも同一ではない。たとえば，ニュー・メキシコ州に住むアメリカ・インディアンのズーニ族では，人と人とが互いに競争しようとする気配がほとんどなく，他人をおしのけて，自分がよい地位につこうとする要求もわずかであるという。

また，現在では，ほとんど文化的に差異がないと思われている日本人とアメリカ人であっても，たとえば教室における学生の態度を比較してみると，先生に対する質問の数が非常に違う。日本の学生の場合，自分の疑問をその場で解決してしまおうとする要求よりも，恥をかかないようにしよう，目立たないようにしようとする要求のほうが強い。アメリカ人の学生では，幼稚な内容でも自分の疑問を解決したいという要求，さらには，自分の積極性を示そうとする要求が強いように見受けられる（図5-4）。このように，社会的動機は万人共通でなく，生まれ育ち，現在暮らしている社会や文化によって変わっているし，同じ日本人でも世代によって違っている。

primary motive（need），secondary motive（social need）

動機づけ　　109

達成・自己実現の動機
威信・自己評価の動機
愛情・所属性の動機
安全・不安回避・攻撃の動機
生理的動機

図 5-3　**動機の階層**（Maslow, 1954）

図 5-4　**アメリカの小学校の授業風景**
（写真提供：アフロ）
日本の授業風景より積極的である。

ホメオスタシス　基本的動機は生理的要求ともよばれ，その生理的基礎が明らかである。基本的動機を理解するうえで重要な意味をもつものとして，1932年に生理学者キャノンによって提唱されたホメオスタシスという概念がある。私たちの体内の生理学的状態は，外界の状態が大きく変化しても，ほぼ一定に保たれる傾向がある。

たとえば，人間の体温は，暑い真夏も，寒い冬もほぼ一定に保たれている。暑いときは，皮膚の血管が広げられ，汗腺が汗を出して身体の熱を発散し，寒いときは，血管が収縮して呼吸が速められる。また，体内の水分や塩分の体重に対する比率，血液や体組織内の化学的成分の組成などもほぼ一定に保たれている。また，身体のエネルギー源である血液中の糖分，すなわち血糖量がほぼ一定に保たれるように，血糖が体内で消費されれば，肝臓で補給される。

しかし，このホメオスタシスが，身体内部の調整だけでは間に合わなくなると，外部環境からの補給が必要となる。呼吸によって，酸素を補給し，食物と水を摂取して各種の栄養分と水分を補充し，一方，排泄と発汗によって，過剰な物質を体外に出して，生理的均衡を復元しようとする。この機構が，食欲，渇き，呼吸，排泄などの基本的動機の基礎となっていると考えられている。さらに食欲の場合，食物なら何でもよいというわけではなく，その時々の体内の状態に応じて，不足した栄養素を補充するように**特殊化した食欲**がある（Topic カフェテリア実験）。甘いもの，塩辛いもの，油っこいものなど，その時々によって違うものが欲しいというのはその例である。

physiological need, Cannon, W.B., homeostasis, specific hunger

Topic　カフェテリア実験

　ホメオスタシスがいかに巧妙に働くものかを示す実験に，**カフェテリア実験**がある。私たちの食欲には，体のコンディションに応じた食物の選択性がある。成人では，習慣や嗜好によってゆがめられ，純粋なかたちでこの選択性が現れにくいが，動物では，非常にうまく，各栄養物を選択して，ちょうど体に不足したものを選択して補充する。これを実験的に証明したのがカフェテリア実験である。たとえば，図 5-5 のように，各種の栄養素を別々に分けて呈示し，被験体である白ネズミに自由に選択させる装置を用いて実験をすることができる。たんぱく質，脂肪，糖分，カルシウム，食塩，ビタミンなどの各種栄養素のそれぞれを主として含む食物と水を別々に容器に入れてあり，毎日のそれぞれの摂取量が詳しく量られる。この実験の結果では，白ネズミにまったく自由にこれらの栄養素をとらせると，栄養学的に算出されたものとよく一致する，バランスのとれた比率で摂取し，人間の決めた標準食で育てたものより，かえって成長が速やかであったという。またある期間，そのうちのある成分を除いておくと，その後はその成分を余分にとって補う。また，強制的に激しい運動をさせれば，通常の場合より，カロリーの豊富な食物を多くとった。

　また，離乳後の人間の幼児を同様の方法で育ててみると，数日の間では偏食があっても，より長い期間を単位として見ると，食物選択の配分は栄養学的に見て適切なものとなっており，その成長も優れていたという。

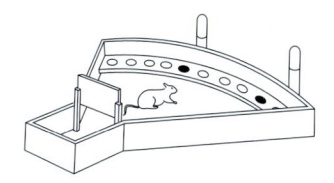

図 5-5　カフェテリア実験（Young, 1963）

cafeteria experiment

好奇動機と達成動機

基本的動機とも社会的動機とも，にわかに決定しがたい，いくつかの動機がある。人間だけでなく，高等動物に広く認められるが，その基礎をホメオスタシスに求めることが困難なものや，生理的基礎は認めがたいが，民族・文化を越えて認められるものなのである。次項に示す感覚への要求がその例である。人間には，一般に変化や刺激を求める要求があるためだろう。

サルの場合も同様である。サルを箱に入れ，青色の扉を押すと，報酬として，窓が開いて30秒間外が見えるようにすると，ちょうど餌を報酬に用いたときと同じようにオペラント条件づけ（p.56参照）が成立する。何か新しいものを見たいという**好奇動機**は，動物にも存在するのである。たとえば，サルは何ら報酬も，また扉が開くというような効果がなくても，図5-6のような鍵をはずすことに熱中する。

また，**達成動機**といって，直接の利得がなくても，障害を克服してある目標に到達したいという動機がある。たとえば前人未到の山頂を極めたい，大学祭を成功させたい，よい成績を得たい，スポーツでよい記録を達成したり，何かやりかけた課題は，最後までやりとげたいという強い要求である（図5-7）。これは，人によって個人差が多く，一般的なことはいいがたいが，まったく他に報酬がなくても，途中までやりかけた仕事は最後までやりとげないと気分が悪いという人は多いであろう（心的緊張の継続）。

この他，恐怖・不安から逃れたいという動機も行動に強い影響を与えている。

curiosity, achievement motive

図 5-6 サルの好奇動機
(Harlow et al., 1950)
何の報酬も与えられなくてもサルは鍵あけに熱中する。

図 5-7 ロッククライミング
(写真提供：毎日新聞社)
人間には，障害を克服してある目標に到達したいという達成動機がある。切り立った岩肌をロープ1本で登るロッククライミングはその例といえる。

感覚への要求

人がいかに感覚を求めているかを示す研究として**感覚遮断**実験がある。図5-8のように，実験参加者は半透明の眼鏡をかけ，手袋で手をおおい，防音室のやわらかいベッドの上に長時間横たわっていることを命じられる。弱い一様な散乱光が見え，換気装置の単調な音が聞こえる他，何の刺激も与えられない。実験参加者はアルバイトの学生で，何もしないで寝ころんでいれば，かなりよいアルバイト代が与えられる。しかし，食事と用便以外には外界との接触をまったく断たれたこの環境に，予定の時間耐えられたものは少なかった。早いものは数時間でやめてしまった。多くの実験参加者は，何かものを考えようとするが，時間がたつにつれて思考力が鈍化し，まとまったことは考えられなくなり，幻覚を見たりする。知的活動の水準は低下し，精神状態が不安定となった。この実験は，適度の刺激とその変化がもたらす感覚とその変化が，私たちにとっていかに必要であるかを示している。

このような感覚への要求は，刺激の多い環境に生活してきた私たちの長年にわたる習慣にもとづくものであろうか。乳児に対して，さまざまの対象を1つずつ呈示して，それらの対象を乳児が注目していた時間を比較した実験の結果を図5-9に示す。一般に，3カ月未満の乳児でも，一様な円よりも模様のある円を注目する時間が長い。乳児たちは，人の顔の絵を一番長く注目している。さらに驚くべきことに，乳児でも文字が印刷されたものをかなり長く注目している。この実験結果は，生まれてからの経験がきわめて短い乳児であっても，感覚刺激を求め，しかも，単純な刺激より，複雑なものを求める傾向があることを示している。

このように，感覚を求める傾向は単なる習慣的なものでなく，

sensory deprivation

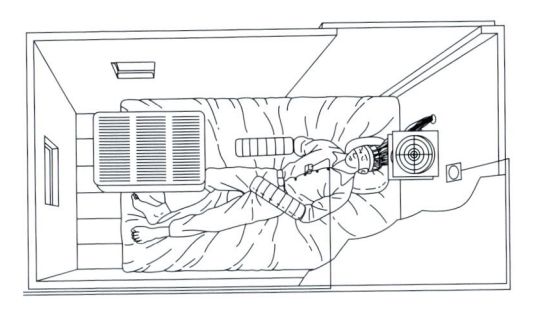

図 5-8　**感覚遮断実験**（Heron, 1957）

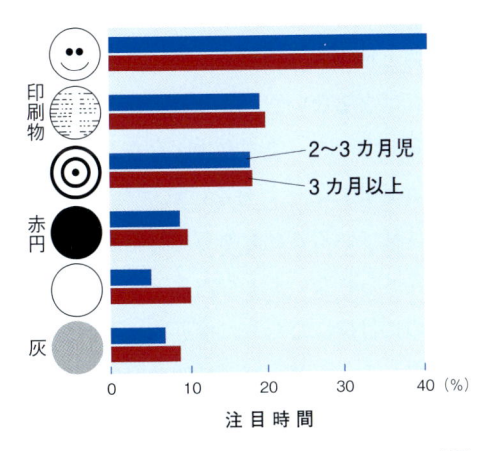

図 5-9　さまざまな対象に対する乳児の注目時間
（Fantz, 1961）

人にとって，本質的なものと考えられる。

動機と行動

これまで述べてきたように，人はさまざまの動機をもつが，それにもとづいてどのように行動が起こるのであろうか。まず動機があれば，それに対応する目標が設定される。食欲が動機であれば，食物が目標である。空腹な人の目の前に食物があるならば，それを手に取って食べれば，空腹は満たされる（図 5-10）。しかし，一般に状況はそれほど単純ではない。

欲求不満　動機の実現を妨害する障害がある場合がしばしばある。障害としては，入りたい部屋の扉に鍵がかかっていたり，乗りたい電車が不通になっていたりする物理的障害の場合と，法律的・道徳的に禁止されているような社会的障害の場合がある。また自分自身の能力の限界が障害になっている場合もある。たとえば空腹で食べ物を獲得したい場合，街頭であれば，食堂や売店が開業中でなければならないし，また代金を払わなければ食物は得られない。家庭の中でも，まず食物が存在しなければ食べられないし，あっても家族にことわらなければならない場合もある。また健康上制限されていることもある。材料があっても料理法を知らないため，食べられないこともある。

障害があるために目標にただちに接近できないときに，生じる行動はさまざまである。たとえば，目的の食べ物を買うのにお金が足りなければ，お金を取りに家に帰ったり，友人に借りたりして，代金を払って食物を得るのが，回り道行動の例である。また本当に欲しいものと違っていても，持っているお金の範囲で買えるものを食べるのが，代償行動の例である。ときには，無理やりに奪ったり，断られた店の悪口を言ったり，閉まっているドアを

goal, detour behavior, substitute behavior

図 5-10　動機が人の行動の原動力となる

図 5-11　P-F スタディの例（三京房承認済）
投影テストの一種である P-F スタディは，いろいろな欲求不満の状況を表している。

叩いたりする**攻撃行動**が生まれることもある。これは**欲求不満（フラストレーション）**にもとづく不適応行動である。

　ここでは，基本的動機の一つである食欲を例にしたが，人は社会的動機を含め，さまざまな動機の実現を図る際に，その実現を妨害する障害に遭遇する。たとえばある社会的地位につきたいときに，それに必要な知識や経験を長年にわたり努力して獲得して，その地位を手にするのが，回り道行動である。ときには，目標とする地位に到達せず，それに代わる別の地位で一応満足する場合もあろう。それが代償行動である。またその地位が得られないため，他人をいじめたり，自暴自棄になったりするのは，それぞれ，欲求不満による他人と自分に対する攻撃行動である。

　一般に欲求不満の場合に，必ず攻撃行動が生ずるとは限らない。無意味に，目標到達に役立たない同じ行動を繰り返す**固執**や，心理的に幼稚な段階に戻ってしまう**退行**や，その場面から逃げたり，自分の殻に閉じ込もり空想にふける**逃避**なども生じる場合がある。

　動機が実現できない状況にあっても，どの程度，欲求不満の状態になるかは，個人によって大いに異なる。その状況にうまく対処して，切り抜けていく人と，すぐに攻撃行動などにでてしまう人がいる。欲求不満の状況にどの程度耐えられるかを**欲求不満耐性（フラストレーション耐性）**とよぶ（図 5-11 参照）。それは，人の性格や幼児期からの環境や経験によるところが大きいといわれる。

情　　動

　人は，ある動機をもち，その目標に到達できれば，喜びを感じ，何らかの障害のためにその目標に達することができなければ欲求不満の状態となり，怒りを生じたり悲しんだりする。また危険な状態になれば恐れを抱く。実際に危険な状態に陥らなくても，そ

aggression, frustration, fixation, regression, escape, frustration tolerance

Topic 葛　藤

　同じ動機の目標になるものが2つあったり，2つの動機が同時に存在するとき，人はその間で，いずれの目標に向かうか悩んだり，苦しんだりすることがある。そのような状態を，**葛藤**（コンフリクト）とよぶ。葛藤の状況には，基本的につぎの3つがある（図5-12）。

1. **接近―接近型の葛藤**……同じ動機の目標となるものが2つあったり，同時にもっている2つの動機のそれぞれの目標となるものが1つずつ存在する場合に起こる葛藤である。たとえば，同じ程度に興味のある学科が2つあり，どちらを選択しようか悩む場合が，前者の例であり，勉強しようか，遊ぼうかと迷うのが後者の例である。

2. **回避―回避型の葛藤**……動機の中には危険や恐怖を避けようとする動機もある。そのような動機の対象（マイナスの目標）が同時に2つ存在するときに生じる葛藤である。病気も怖いし，手術も恐ろしいと悩む場合，児童が学校でいじめられ，家で叱られる場合などである。どちらの目標からも逃れようと，決定を延ばしたり，第3の目標に向かったりしやすい。

3. **接近―回避型の葛藤**……同じ対象が，プラスとマイナスの性質を同時にもっている場合。つまり，その目標に向かう動機とその目標を避けたい動機が存在する場合である。たとえば，大変魅力があるが，高価な商品とか，興味があるが危険な動物などである。人はその対象に近接しもしないが，その周囲からなかなか離れもしない。

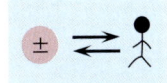

1. 接近―接近型　　2. 回避―回避型　　3. 接近―回避型

図5-12　葛藤の3種

conflict, approach-approach conflict, avoidance-avoidance conflict, approach-avoidance conflict

の可能性があるときは不安な状態となる。

このように，**情動**は，動機と密接に結びついている。情動は，その人自身が心の中で体験するものであるが，それとともにその人の表情が変わり，心臓がドキドキしたり，筋肉が緊張したり，食欲がなくなったりする身体的変化も生じる。

身体や行動の情動的変化は，人だけでなく動物にも現れることが知られている（図 5-13）。イヌは飼い主に尻尾をふって甘えたり，侵入者に対して毛を逆立てて吠えて，怒りを示す。情動的行動は，相手を受け入れたり，戦いの準備をする生物学的役割があり，人の情動もそれが進化したものと考えることができる。ただし，人の場合は，それぞれが育った文化の影響を受けて情動の表し方が異なっている。日本のように情動の表現を抑制する文化もあるし，また情動を大きく表現する文化もある。

情動の分類　表 5-1 は，プルチックが，多くの実験的研究成果にもとづいて，8種の基本的情動を主観的体験と行動と生物学的機能の3つの側面から，分類したものである。

たとえば，恐れは行動面では逃避につながり，生物学的には護身の役割をもつ。怒りは行動的には攻撃の準備であり，相手に打撃を与える役割をもつ。悲しみは泣いたり叫んだりする行動として現れ，親や仲間の救援をよぶ。驚きは，行動の停止を導き，新たな刺激に注意を向けさせる。

プルチックによれば，この8種の基本的情動は，図 5-14 のように円環状に並べることができるという。すなわち表 5-1 の1番上と1番下に示された恐れと驚きは，互いに類似していて，その2つが混合したものが，畏怖であるすると，8種の情動が輪のようにつながって配置されるという。この円環上で隣りあったも

emotion

図 5-13　イヌの情動的行動（左：従順，右：敵意）
(Darwin, 1872)

表 5-1　基本的情動の 3 用語 (Plutchik, 1986)

主観的体験用語	行 動 用 語	生物的機能用語
恐れ，恐怖	後ずさり，逃避	護身
怒り，激怒	攻撃，咬みつき	打破
喜び，歓喜	配偶，熱中	生殖
悲しみ，悲嘆	泣き，叫び	求援，復元
受け入れ，信頼	抱き合い，睦み合い	合体，親和
いや気，嫌忌	吐き出し，排除	拒否
予期，予知	調査，探索	探査
驚き，驚愕	停止，硬直	定位

のは，互いに類似していて，それらが混合した情動がその間に位置づけられる。たとえば，喜びと受け入れが混合したものが愛であり，驚きと悲しみが混合したものが落胆である。また，怒りと恐れ，喜びと悲しみのように，円環上で反対の位置にあるものは，対照的な性質をもち，それらが同時に生じると，葛藤状態となるとされる。これは各種の情動の性質をうまく表した図式である。

情動と身体的変化　怒れば顔が赤くなり，恐れれば顔が青ざめる。悲しければ涙を流し，嬉しければ顔をほころばせて笑う。というように，情動には，**身体的変化**が伴う。そのような身体的変化を示す生理的指標としては，心拍，血圧，血流，皮膚温度，呼吸，筋の緊張，**電気性皮膚反応**などがある。たとえば，エクマンらが，種々の情動に伴う心拍と指の皮膚温度の変化を測定したところ，心拍数の上昇は，怒り，恐れ，悲しみ，喜び，驚きの順となり，嫌悪では，逆に心拍数は低下した。また皮膚温度については，怒りで大いに上昇し，喜び，悲しみでもやや上昇し，嫌悪，恐れ，驚きで下降した。

　またアックスが 12 の指標について，怒りと恐れに伴う変化を比較したところ，電気性皮膚反応，心拍数の減少，筋緊張の増大，心臓拡張血圧の増加の指標では，怒りのほうが恐れより反応が統計的に有意に大であった。他方，呼吸の速さの増加，皮膚抵抗の減少，筋緊張の減少の指標では，恐れのほうが反応が有意に大であった（図 5-15）。その他の指標については，怒りと恐れの間に明確な差が見出せなかった。ここで，電気性皮膚反応とは，皮膚の 2 カ所に電極を置き付着し，その間の電気抵抗の変化を測定するもので，交感神経に支配された皮膚の汗腺の活動を調べることができる。微妙な情動変化が検出できるので，いわゆる嘘発見器

bodily change,　galvanic skin reaction（GSR）

情　動　　　　　　　　123

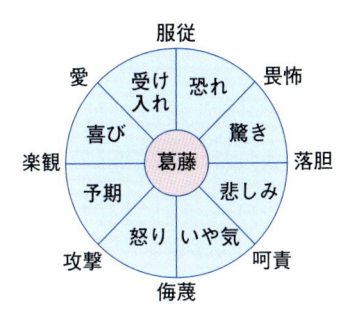

図 5-14　情動の円環的配置と混合型
(Plutchik, 1986)

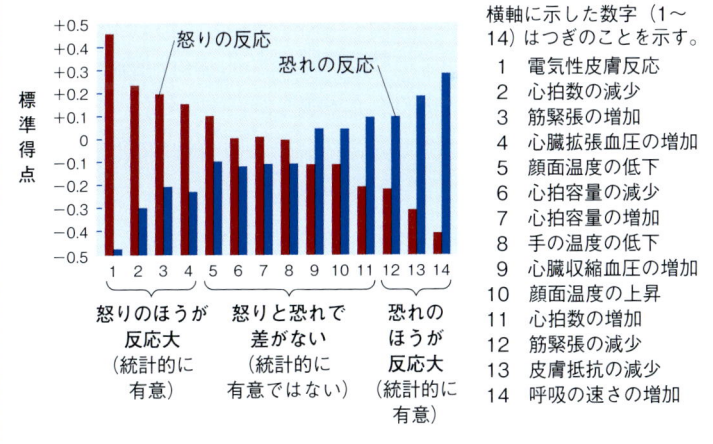

図 5-15　怒りと恐れの生理的反応の比較 (Ax, 1953)

横軸に示した数字（1～14）はつぎのことを示す。
1　電気性皮膚反応
2　心拍数の減少
3　筋緊張の増加
4　心臓拡張血圧の増加
5　顔面温度の低下
6　心拍容量の減少
7　心拍容量の増加
8　手の温度の低下
9　心臓収縮血圧の増加
10　顔面温度の上昇
11　心拍数の増加
12　筋緊張の減少
13　皮膚抵抗の減少
14　呼吸の速さの増加

としても用いられる。

　シュオルツらが，健常者とうつ状態の人を実験参加者として，幸福，悲しみ，怒り，日常生活のイメージを心に描いたときの4種の顔面筋の活動を，筋電位の測定によって比較した。健常者では，眉の筋肉が，幸福と日常生活のイメージの際に緊張がゆるみ，悲しみのイメージで緊張した。また口元の筋が怒りのイメージで緊張する傾向が顕著であった。うつ状態の人では，幸福なイメージに対しても，眉の筋の弛緩が見られず，日常生活のイメージが悲しみのイメージに似た結果をもたらした。このような顔面筋の活動が，情動に伴う顔の表情の変化の基礎となっていると考えられる（図5-16，図5-17）。

情動の学説　アメリカの心理学の創始者といわれるジェームズは，1884年に情動の体験は情動の身体的表出の結果であるという独特の説を提出した。常識では，悲しいから泣き，恐ろしいから震えるというように，情動の体験が先で，身体的反応が後と考えられているが，彼はその逆を主張した。すなわち，泣くから悲しく，震えるから恐ろしいというふうに，身体的反応が先で，それを知覚することによって情動体験が生じるという説である。ほぼ同時にデンマークのランゲも類似の説を唱えたので，ジェームズ-ランゲの末梢起源説とよばれる（図5-18左）。

　これに対して，キャノンとバードはつぎのような点からこの説を批判した。内臓器官を切除したり，交感神経を遮断しても，情動反応が生じること。異なった情動状態でも同じ内臓活動が生じること。内臓の反応は比較的緩慢であること。内臓変化を人工的に起こしても，情動は生じないことなどである。キャノンとバードはこれに代わって，脳の視床という部位が情動に重要であると

James, W., Lange, C., James-Lange peripheralist theory (theory of emotion), Cannon, W.B., Bard, P.

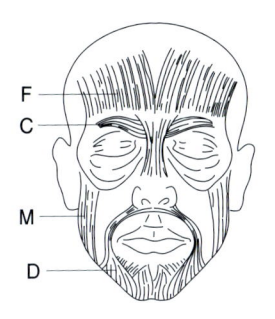

図 5-16 シュオルツらの実験の測定部位
(Schwartz et al., 1976)

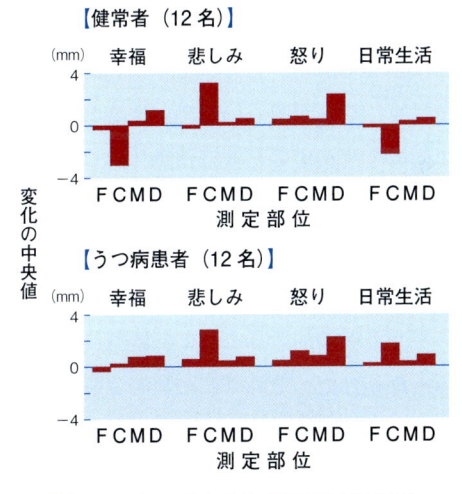

図 5-17 シュオルツらの実験の測定結果
(Schwartz et al., 1976)

する**中枢起源説**を提唱した（**キャノン-バード説**）。**図5-18**に示されたように，情動の原因となる刺激は，まず感覚受容器から視床を経て，大脳皮質に伝えられ（①，①'），つぎに平常状態では皮質によって抑制されている視床が抑制から解放され（③），そこで生じる視床の興奮が一方で内臓や骨格筋に伝えられる（②）とともに他方で中枢にも伝わり（④），情動体験を生じさせるという説である。なおキャノンとバードは視床下部も視床に含めて考えていたが，現在では，視床よりも，視床下部が情動に関係深い部位であることが生理学的研究によって知られている。

さらにシャクターらは，情動体験は，身体的変化とそれの認知の両方に依存しているとする**2要因説**または**帰属説**を唱えた。この説によれば，何らかの原因で生じた自分の身体的変化を，自分自身でその変化が何によるのかを，そのときの状況から判断するときに，それに応じた情動が生じるという。同じように心臓の鼓動が速くなっても，それが激しい運動によるのか，恐怖によるのかなど自分で原因を解釈するときに情動体験が生じるという説である。彼らは，この説を確かめるために，つぎのような実験を行った。実験参加者に，アドレナリンの注射で身体的変化（心拍数上昇，顔のほてり，震え）を生じさせておいてから，同席者（実は実験協力者）が，実験参加者群ごとに，陽気に振る舞ったり，不機嫌に振る舞ったりした。それぞれの群の実験参加者は，それに応じて，喜びを報告したり，怒りを報告したりした。この結果は，人は自分の同じ身体的変化を，状況に応じて，異なった情動に原因帰属させることを示したものであり，帰属説を支持している。

表情の認知　人の**表情**からその人が喜んでいるのか，怒っているのかよくわかる場合が多い。どの程度正確に表情が判断でき

centralist theory,　Cannon-Bard theory,　Schactor, S.,　two-factor theory,　attribution theory, facial expression

情　動

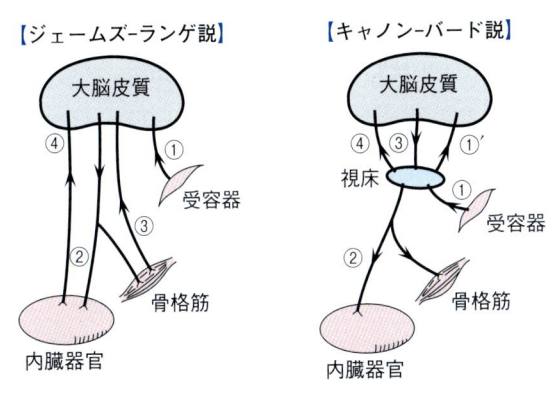

図 5-18　ジェームズ-ランゲ説とキャノン-バード説
(Cannon, 1927；平井, 1992)
①〜④は伝達の順序を示す。

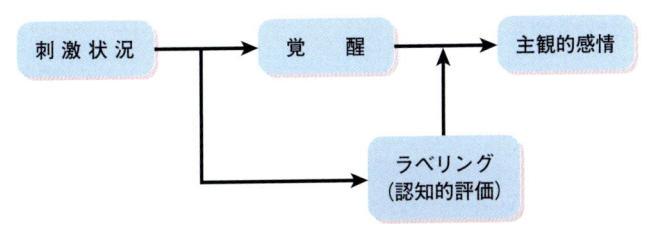

図 5-19　シャクターの情動 2 要因説（中村, 1994）

るかについて，かなり古くから実験的研究がなされている。シュロスバーグは，72枚の表情写真を，45名の実験参加者に3回ずつ図 5-20 のような6個の情動カテゴリーに分類させた。その結果では，同じ表情写真は，同じ情動カテゴリーに分類されることが多いが，それと近接した2つの情動カテゴリーにも少数ずつ入れられた。たとえば，主に怒りに分類される写真は恐れと嫌悪にも分類され，また多くは愛に分類される写真は，驚きと軽蔑にも分類された。そして，そのような関係には，円環状の連続性があることを見出した。このように円環状に情動カテゴリーを配置すると，上述の表情写真の分類の実験の際に分類が散らばるカテゴリーが，円環上で隣接しあう。さらに彼は，これら6個の表情のカテゴリーは，図に示されるように，快—不快と注意—拒否の2軸の平面上に配置されると主張した。その後のラッセルらが，表情間の類似性の判断を用いて，さらに計量的に研究した結果では，表情カテゴリーの配列順序は，シュロスバーグの場合とほぼ同じであったが，各カテゴリー間の間隔は等しくなく，また快—不快と覚醒度（注意—拒否）の2軸との関係は，シュロスバーグの図式とはやや異なっていた。

　また，山田　寛は，コンピュータの画面上に呈示された標準的な線画の顔図形の眉，目，口の6点を，実験参加者に自由に操作して変形させて，6つの情動を表す顔図形を作ってもらった。図 5-21 が6つの情動名に対して36名の実験参加者が作成した平均的表情図形を示している。山田　寛は，これを分析して，眉・目・口の線の湾曲性（丸み）と傾斜（目尻や口元の傾き）が表情の印象を決定するのに重要で，それぞれ注意—拒否，快—不快の次元と関係深いことを見出した。

情　動　　129

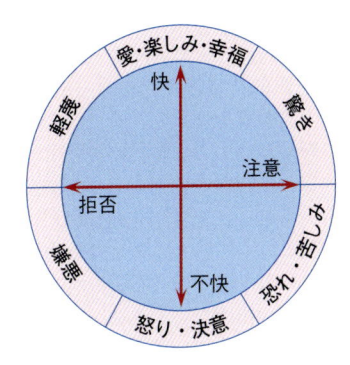

図 5-20　表情の円環 (Schlosberg, 1952)

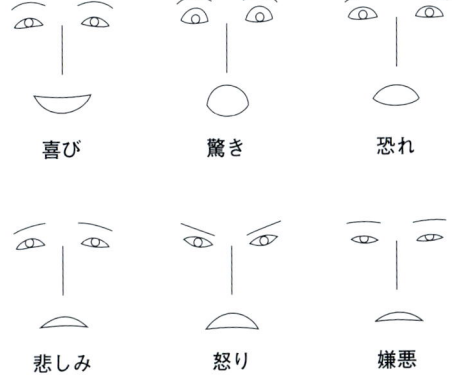

喜び　　　驚き　　　恐れ

悲しみ　　怒り　　　嫌悪

図 5-21　6種の情動を表す平均的表情図形
　　　　　(Yamada, 1993)

Topic　恐れと扁桃体

　恐れ（恐怖）は個体の生存にとってきわめて重要な情動の一つであり，危険な状況から身を守るための行動を引き起こす動機としての役割をもつ。クリューバーとビューシーは，恐れの情動に関わる脳部位を示唆する先駆的な報告を行った（Klüver & Bucy, 1939）。アカゲザルの左右の側頭葉を切除し，その後の行動の変化を観察したところ，視力に異常がないのに物体が認知できない，手ではなく口で対象物を調べる，性行動が亢進するなどの症状に加えて，恐れや怒りの情動が消失することを見出した（**クリューバー–ビューシー症候群**）。サルは普通，人間やヘビなどの動物を恐れるが，側頭葉を除去したサルはためらうことなく接近していき，人に触られたり撫でられたりしても逃げ出さない。あるいはヘビに攻撃されたにもかかわらず，再び近づいていく。その後の研究から，恐れの情動と密接に関係しているのは，側頭葉の内側にある**扁桃体**という部位であることがわかってきた（図 5-22）。

　ウルバッハ–ヴィーテ病によるカルシウム沈着が原因で両側の扁桃体を損傷した S. M. さんは，他の基本的な情動は正常なのに，恐れの情動だけが喚起されないという症状を呈している（Feinstein et al., 2011）。たとえば，以前からヘビやクモが嫌いだといっていたにもかかわらず，ペットショップに連れて行かれるとヘビのコーナーに近寄り，店員の勧めに応じて，皮膚を撫でたり，舌に触ったり，くねくねとしたヘビの動きを間近で眺めたりした。その時々の恐ろしさを評定してもらうと答えは常に低い値であった。さらにはもっと大型で危険なヘビやタランチュラにも触りたがったが，噛まれると危険なので制止された。恐怖や不安を測定する質問紙や，日常場面や過去の経験についての調査からも，S. M. さんが全般的に恐れの情動を失っていることが明らかにされている。

　健常者においても恐れと扁桃体の関連が示されている。機能的磁気共鳴画像法（fMRI）は，身体を傷つけることなく脳の活動状態を測定する方法の一つである。恐怖や怒りの表情を撮影した写真や，牙をむき出しにしたイヌや拳銃などの脅威を感じさせる写真を見せて，そのときの脳活動を fMRI で測定すると（Hariri et al., 2002），単純な図形を見ている場合に比べて，左右の扁桃体の活動が上昇していた（図 5-23）。

〔臼井信男〕

fear, Klüver-Bucy syndrome, amygdala

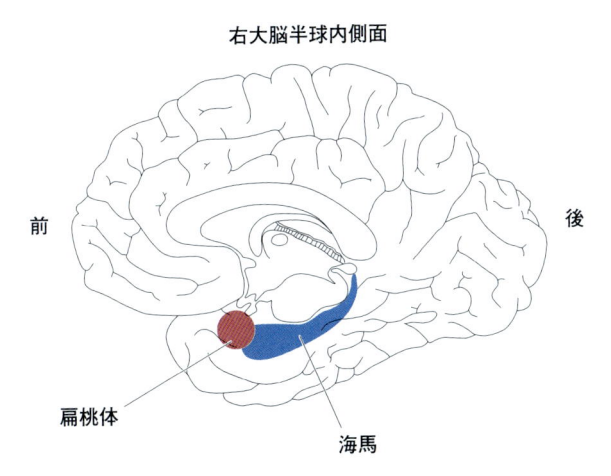

図 5-22 ヒトの扁桃体 (Bear et al., 2007)
左右の大脳半球の側頭葉内側部に位置する（脳の表面からは直接見えない）。

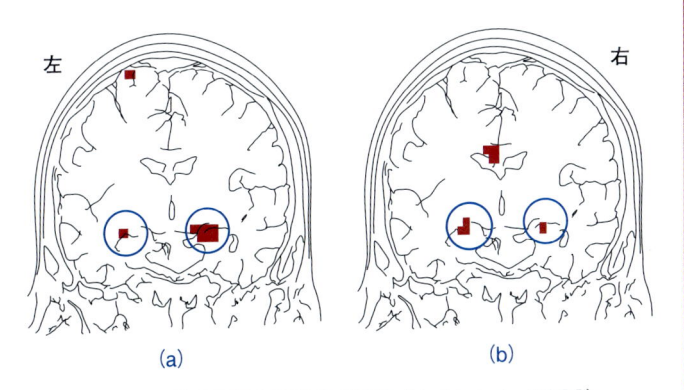

図 5-23 情動刺激と扁桃体の活動 (Hariri et al., 2002)
恐怖や怒りの表情を見た場合 (a) や，脅威的な光景を見た場合 (b) に扁桃体の活動が上昇する（円内の赤で示された領域）。

Topic　SD法による感情効果の測定

オズグッドにより開発された**セマンティック・ディファレンシャル（SD法**と略称される）は，各種の感情効果の測定に有効である。この方法は，第1章の図1-9で示したような，多数の評価尺度を作り，両側に反対語の形容詞を記し，それらの評定尺度上で自分の感じる感情を5～7段階で評定してもらう方法である。これまで行った多くの研究結果の分析から，価値（良い―悪いなど），活動性（動的―静的など），力量性（重い―軽いなど）の3グループに大別できることが知られている。

この方法による評価結果は，評価する人（感情を感じる人）によっても，評価対象（感情を起こさせるものや状況）によっても異なっている。図5-24は同じ「幸福（happiness）」という言葉に対して抱く感情を，4地域の大学生に評価してもらった際の平均的な結果を**セマンティック・プロフィール**として表現している。図5-24では「幸福」に対するセマンティック・プロフィールが日本・台湾の間，またアメリカとセルビアの間でそれぞれ似ているが，活動性に関する評価が2群で異なっていた。日本・台湾ではやや静かな感情を与えるのに対して，アメリカやセルビアではかなり動的な派手な

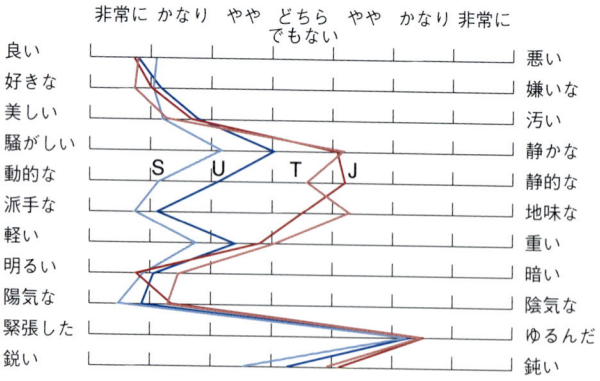

図5-24　4地域における「幸福」に対するセマンティック・
　　　　プロフィール（大山ら，2005）
J：日本，S：セルビア，T：台湾，U：アメリカ

Osgood, C.,　Semantic Differential,　Semantic Profile

感情をよび起こすことがわかる。また図 5-25 は種々の色紙を見て感じる感情と，種々の抽象的な単語に対して感じる感情を日本の女子大学生に対して SD 法で調査した結果を示している。「郷愁」と「平静」，緑と青ではそれぞれかなり異なったセマンティック・プロフィールを描くが，「郷愁」と緑，「平静」と青ではよく似たプロフィールが得られた。この点から緑色を「郷愁」のシンボル，青色を「平静」のシンボルとすることが適切であることが示唆される。

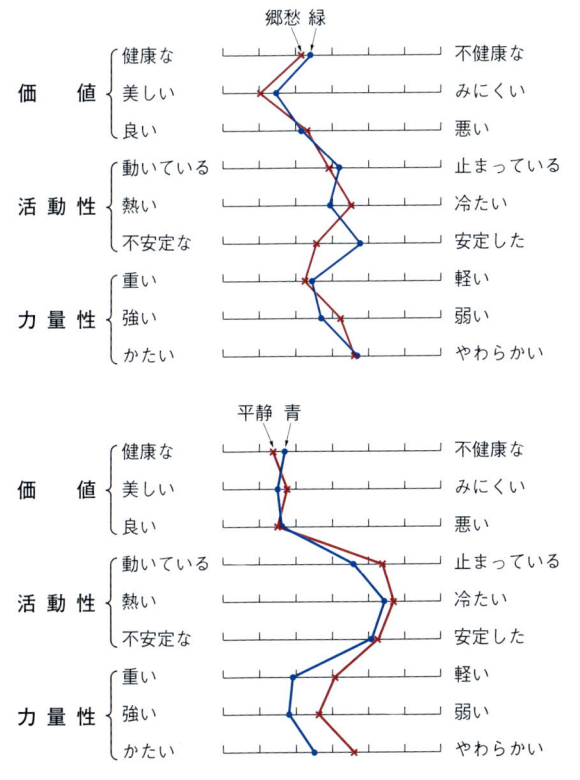

図 5-25 抽象単語と色紙に対するセマンティック・プロフィール
(大山，1994)

参考図書

　動機づけと情動両方にわたる参考書としては

大山　正（編）（1984）．実験心理学　東京大学出版会（特に10, 11章）

大山　正（編著）（2007）．実験心理学——こころと行動の科学の基礎——　サイエンス社（特に7, 8章）

　動機づけに関しては

松山義則（1981）．人間のモチベーション　培風館

　表情を中心に情動まで述べたものとして

吉川左紀子・益谷　真・中村　真（編）（1993）．顔と心——顔の心理学入門——　サイエンス社

大山　正・中島義明（共編）（2012）．実験心理学への招待［改訂版］——実験によりこころを科学する——　サイエンス社

　感情・情動について解説したものとして

濱　治世・鈴木直人・濱　保久（2001）．感情心理学への招待——感情・情緒へのアプローチ——　サイエンス社

があげられる。

　動機づけ，情動，葛藤，欲求不満などに関するレヴィン（K. Lewin）の学説については下記が参考になる。

相良守次（編）（1964）．現代心理学の諸学説　岩波書店

レヴィン，K. 相良守次・小川　隆（訳）（1957）．パーソナリティの力学説　岩波書店

発　　達

　ヒトがどのようにして一人前の知覚や知能を身につけるかが発達心理学のテーマである。ある時期（臨界期）までに発達しないともうそれ以降発達できなくなるのか？母子関係や遺伝はどのような影響を及ぼすのか？道徳観はどのように獲得されるのか？などの重要な問題がある。それへの解答を求めて動物実験のデータを参照することも多い。本章ではそういった研究も紹介しながら，ヒトの発達について考えていく。

🔴 刻印づけ（刷り込み，インプリンティング）

アヒルやカモなどの離巣性のトリのひなは，母ドリが歩くと，その後を一列になってついて歩く（追尾行動）のがよく観察される。どのようにして自分の母ドリへの認識と追尾が獲得されるのかが研究テーマの一つであったが，ローレンツがそれは刻印づけであることを発見した。

生まれたひなドリは，孵化直後に初めて目が見えるようになったときに見た動いているものを追尾するしくみをもっているのである。したがって，ひなが初めて見た対象がローレンツであった場合は，そのひなはローレンツに対して追尾行動をする。また，初めて見たものが，電気機関車であれば，電気機関車に対して追尾行動をするということがわかったのである（図 6-1）。

この追尾行動は非可逆的であり，ひなが別の親を追尾するように学習し直すことは基本的にない。そのため，この現象を**刻印づけ（刷り込み，インプリンティング）**とよぶことになった。これは，**臨界期**現象の一種である（図 6-2）。

その後，詳しい研究によって，刻印づけの臨界期は，飼育環境条件によって左右されること，臨界期，敏感期には，遺伝情報の影響をうける可能性のあることなどがわかってきている。

近年，この刻印づけの概念を短絡的に拡張して，ヒトのこどもの早期教育や母子関係を論じるむきがあるが，哺乳類では鳥類ほど明確な刻印づけはないとされている。

刻印づけが起こるために対象が備えているべき性質は，鳥類の種類によって若干異なる。ニワトリやアヒルの場合，ボール箱や風船などにも刻印づけが起こり，初めて見たときにそれが動いているものである必要はない。動いていなくても，明確に背景から

Lorenz, K., imprinting, critical period

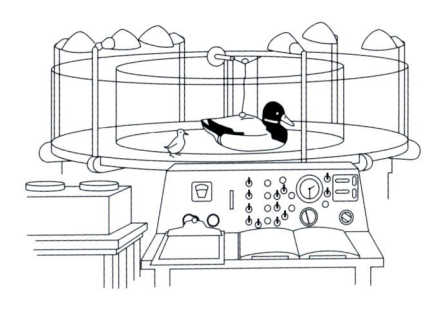

刻印づけ（刷り込み，インプリンティング） 137

図 6-1 刻印づけの実験装置（Hess, 1959）

このような実験装置にひなドリを入れ，模型の親ドリに対しても追尾行動が起こることを検証した。

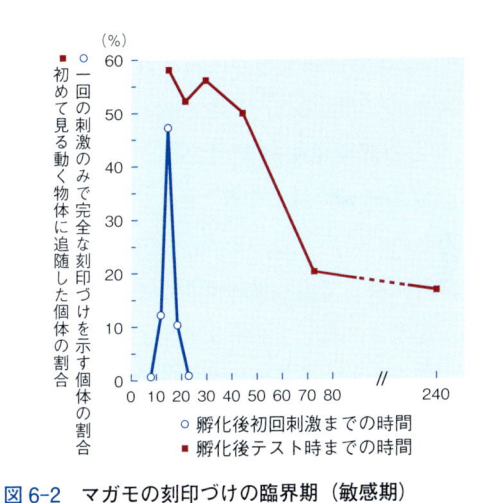

図 6-2 マガモの刻印づけの臨界期（敏感期）

（Ramsay & Hess, 1954 と Boyd & Fabricius, 1965 より作成）

○はその時点で1回だけ対象を与え，その後でその対象と他の対象を弁別するかどうかを調べたもの。■は隔離後初めて対象を与えられたとき追従反応するかどうかを調べたもの。調べる基準によって期間は異なる（矢野, 1988）。

見分けられれば刻印づけが生じる。ハイイロガンでは，親ドリの鳴き声は刻印づけの必要条件ではないが，マガモでは，低い姿勢と親ドリのような鳴き声がなければ刻印づけが生じない。ハイイロガンとマガモは近縁種だが，それでも，このように，刻印づけの条件には差が生じるのである。

臨界期

　刻印づけのように，成育初期の経験が不可逆な影響を及ぼす例が多数知られている。そのような経験が起こりうる時期的限界を**臨界期**という。また，**初期経験**の効果がもっとも顕著に起こる時期を**敏感期**という。

　動物の研究では，つぎのような臨界期が知られている。

1. 社 会 化……親または同じ種の成員に対する愛着の形成に臨界期がある。スコットによると，ヒトも含む動物が特定の相手に愛着を形成させる臨界期は生後3〜12週間で，6〜8週が最適期である。ハーロウの研究では，生後3〜6カ月の臨界期に仲間から隔離して育てられたため愛着の形成ができなかったアカゲザルは，その後，群れに戻っても，他のサルとの遊びや性行動などに著しい不適応が起こり，長じて子を生んでも，育児行動が起こらず，子に対して拒否や無関心を示した。

2. 学　　習……白ネズミに，豊かな環境に育つという初期経験を与えると，成熟後の学習能力が向上することが知られている。多くの研究では，生後22〜40日齢に豊かな環境で育った白ネズミは，成熟後の学習実験の成績がすぐれていた。

3. 初期刺激づけ……齧歯類を用いた多くの研究では，生後0〜10日齢のあいだに，電気ショック，ハンドリングなどの刺激を与えると，悪影響がある。

critical period, early experience, period of sensitivity, socialization, Harlow, H.

Topic ヒトの臨界期

　ヒトの場合，動物のように一義的に臨界期があるとは考えられていない。むしろ，生後の経験と学習によって，適応性の高い発達をするのがヒトの特徴であると考えるのが通常である。しかし，つぎのような例は，ヒトの臨界期を示唆する事実であると，通常，受け止められている。

▶アヴェロンの野生児

　1799年，フランスのアヴェロンの森で，11～12歳と見られる少年が保護された。その少年は，4～5歳で捨てられ，7～8年人間の庇護なしに生育したと推定された。イタールという医師が少年を引き取った。発見時は，嗅覚，触覚，聴覚などが通常の人間よりはるかに進んでいた。このことは，普通の人間の場合，環境がそれほどの知覚能力を臨界期までに要求しないのですたれていると考えられる。

▶オオカミ少女

　20世紀初頭，インドで，オオカミに育てられた少女が2人保護された。推定年齢は8.5歳と1.5歳である。年少の少女は，いくらか言葉を習得し，衣服を着ることなども覚えたが，年長の少女は，人を信頼することを覚えず，肉も生のものしか食べなかった。これは，年長の少女のほうが，さまざまな人間的行動を習得するための臨界期を迎えてしまっていたからだと考えられている。ただし，この2人に関する記録は，信頼性に疑問を感じる節もあり，現在，信頼性は若干欠けるとされている。

▶先天盲の開眼手術

　開眼手術をすると，幼少時に少しでも視覚経験のある人は，すぐに図形や顔が認識できるようになるが，先天盲で，一度も視覚経験のない人は，簡単な図形の識別もできないことが知られている。このことは，初期経験がないと，視覚経験に必要な図形的概念形成能力が獲得されず，その獲得に臨界期があることを示唆していると考えられている。

ヒトのこどもの場合も，母子信頼感の獲得，言語能力の獲得，知覚能力の獲得などについて，同様の臨界期が存在すると考える人が多いが，倫理的な理由から，実験例が絶対的にないため，はっきりしたことはわかっていない。

マザリング

母親を代表とする養育者が乳児に抱く肯定的感情を母親愛着，そこから引き起こされる養育行動を母性行動（マザリング）という。マザリングは本能的なものではなく，乳児との交渉の中で形成されると考えられている（表6-1，表6-2）。

クラウスとケンネルの研究で，出産直後に乳児に接触した母親と12時間後まで接触できなかった母親の，出産36時間後における愛情行動（見つめる，抱く，愛撫する，笑いかける）を比べたところ，出産直後に接触した母親のほうが愛情行動が多かった。

母性剥奪

発達初期に母親からの愛情のこもった働きかけや世話が与えられないと，こどもの発達に永続的な悪影響が及ぶ可能性があるとされ，これを母性剥奪といっている（表6-3）。もともと，孤児などの施設収容児では，一般に比べて，身長や体重の伸びが遅い，風邪などの罹患率が高いなどの，心身の発達の問題や人格発達の障害がみられるなどの問題点が指摘され，それらはホスピタリズム（施設病）とよばれていた。ボウルビィなどは，そのような問題は，施設の問題というよりは，むしろ，母性剥奪の問題として考えるほうがよいと主張した。ボウルビィは，こどもには，母親でなくとも，誰か特定の一人（養育者）に愛着を形成しようとする傾向が生来的に備わっていると考えた。その養育者が，母性行動を十分に発揮してくれれば，母性剥奪の問題は低減すると考え

mothering, maternal deprivation, Bowlby, J.

表6-1 マザリングの主要な技術

マザリングの技術	内　容
乳児のペースを作る技法	乳児が反応するのにペースが作りやすいように働きかけにリズムをつける。
乳児にあわせる技法	乳児の表す反応の特質にあわせて働きかける。
乳児にとって状況をやさしくする技法	乳児が行動を起こしやすいように周囲の状況を整理したり，変化させたりする。
乳児の出会っている状況の的を絞る技法	乳児が関心を示している事物を乳児の近くに移動させたり，取り上げて見せることによって乳児が反応の的を絞りやすいようにする。
イニシアティブをとる技法	乳児が新しい行動を起こしやすいように働きかける。
制御する技法	乳児の行動が危険を伴う場合や，状況にそぐわない場合に，中止させる。

表6-2 マザリングの規定因

規定因	例
養育者のパーソナリティ	乳児に対する感受性は養育者自身のパーソナリティによって異なる。
養育者の生活状況	緊張や不安の起こりやすい状況では，養育者，乳児の心理状態を不安定にする。
ホルモンの影響	乳児の飲乳が養育者のオキシトシンの分泌を促進する。このような内分泌腺の活動が養育行動の開発につながっている。
養育者の幼児経験	幼児期に情緒剥奪や母性剥奪を経験していると，養育行動が阻害される。
育児知識	育児知識の有無，内容。

表6-3 母性剥奪の要素

母性剥奪	内　容
母子分離	母親と別れることによって起こる反応で，不安が中心となる。
急性悲痛反応症候群	愛着行動を妨げられたことによって起こる。
知的発達の遅滞	幼少期における知覚的刺激，言語経験の欠如や不足によって起こる。

pacing, helping child focus, hormonal effect

たのである。ボウルビィの養育者についてのこのような考え方については賛否両論あり，それは質的問題ではなく，接触の量的問題だとする研究者もいる。

遺伝と環境

心身の発達を規定する要因として，生得的要因と環境的要因のどちらを重くみるかということについては，生得説，経験説，輻輳説の3種類が区別できる。遺伝による素質を重視するのが生得説，成育環境の影響を重視するのが経験説，その両者の相互作用を重視するのが輻輳説である。

研究方法として多くのものが工夫されているが，家系研究法と双生児研究法をその代表的なものとすることができる。

家系研究法では，親子，兄弟，従兄弟，伯父叔母などの血縁的近親関係と，ある形質の共有度がどのように対応しているかを調べる。多くの場合，際だった行動的特徴（犯罪者を輩出する，自殺者が多い，天才が多い，など）のある家系を研究対象にする（図6-3）。

双生児研究法は，同じ形質や心理傾向を，一卵性双生児，二卵性双生児，養子と実子の間などで比較することにより，遺伝的影響，環境的影響の強さを査定しようという方法である（表6-4）。一緒に育てられた一卵性双生児は，遺伝子と環境を共有している。別々に育てられた一卵性双生児は遺伝子のみを共有している。一緒に育てられた二卵性双生児は，確率的には遺伝情報の半分と環境を共有し，別々に育てられた二卵性双生児は遺伝情報の半分のみを共有する。さらに一緒に育てられた実子と養子は遺伝子を共有せず，成育環境を共有している。心理的形質の類似度をこのような見方で整理することによって，ある行動傾向や心理傾向が，

nativism, empiricism, congestion, identical twin, biovular twin

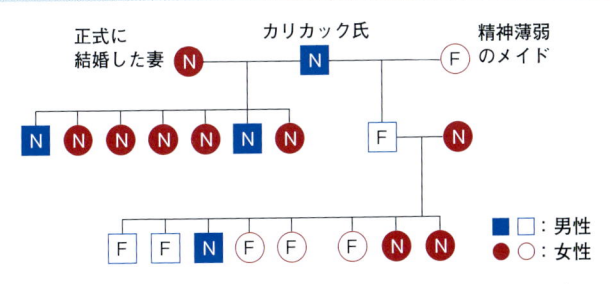

図6-3　カリカック一家の家系図（Goddard, 1912を改変）
ゴッダードは悪名高いカリカック一家を5世代にわたって研究した。図中のF（白）は精神薄弱者で、N（青）は精神的に正常な健常者である。遺伝的な要因が心理発達に及ぼす影響を検討した家系研究の古典的な例である。

表6-4　双生児の生育環境と知能の類似度比較（Newman et al., 1937）

生育環境	IQの差（平均）	IQの相関係数
同じ家庭に育った一卵性双生児（50組）	5.9	0.80
同じ家庭に育った二卵性双生児（50組）	9.9	0.63
別々に育てられた一卵性双生児（19組）	8.2	0.77

生得的要因と環境的要因が重なると類似度もより高くなる。

Topic　双生児統制法の研究例

　ゲゼルの代表的な実験に、一卵性双生児による階段登りの実験がある。生後46週のときに、双生児の片方Tだけに、階段登りの訓練を6週間施した。この間、もう片方のCには訓練を施さなかった。Tの6週間の訓練が終わったときに、2人に同じ階段を登らせたところ、Tが26秒で登れたのに、Cは45秒かかった。その後、Cに2週間だけ階段登りの訓練を行ったところ、2週間後にCは10秒で登れるようになった。この実験は、ゲゼルの主張した成熟優位説（神経系の成熟を重視）を裏づける研究として広く知られることとなった。

Gesell, A.L.

ピアジェの認知発達の理論

ピアジェは，人間の行動や思考の発達を認知システムの獲得プロセスとしてとらえ，精緻な理論を作り上げた。その理論のキーワードは**操作**と**スキーマ**である（表6-5）。

子どもは最初，ガラガラを振ると音が出るというように，身体活動を重ねること（循環反応）によって体験を積み重ねる。この程度に振ればこの程度の音が鳴るという，行動とフィードバックの関係の理解がスキーマである。その体験が十分積み重なり，内面形成ができると，実際に身体活動を伴わなくても，ある行動をすれば何が起こるかなどをイメージできるようになる。そうなると，言葉や数字などのイメージや抽象的なシンボル（表象）によって事象の記述ができるようになる。たとえば，ものの「大きさ」というのは，そのようにして獲得される概念の一つである。積み木やお菓子を大きさの順に並べることができるというのは，具体的操作が大きさについて獲得されたことを示す。最初のうちは，「大きさ」と「重さ」の概念上の区別がうまくできない（**前操作的思考**）。大きさの認知が，積み木などの具体的なモノを離れ，抽象的な「大きさ」によってそれができるようになったとき，**具体的操作**が獲得できたと考える。その延長として，あり得ない仮定のもとでの思考能力などが備わると，**形式的操作**が獲得されたと考えるわけである。

ピアジェは，このような発達プロセスが，対人関係観はもとより，道徳観や倫理観などの，高度で抽象的な認知の基底にも伏在しているものと考えた。したがって，「大きさ」「重さ」の区別が

Piaget, J.,　operation,　schema,　preoperational thinking,　concrete operation,　formal operation

表6-5 ピアジェによる認知の発達段階

感覚運動期（0〜2歳）	第1段階	0〜1カ月	外界の刺激に生得的な反射行動（吸う，泣く，咳をする，排泄する）のみで応じるので，学習の余地がまだない。
	第2段階	1〜4カ月	外界への働きかけの手ごたえにもとづき，つぎの働きかけ（力の入れ具合など）を調整するなど，学習の萌芽が見られる。第1次循環反応（学習的な機能を果たす繰返し）が見られ，スキーマが形成される。
	第3段階	4〜8カ月	意図と計画を伴う繰返しである第2次循環反応が見られる。ガラガラを鳴らすのを繰り返すことで楽しみを得るというように意図性が生まれる。そのため，外界と自己の区別が漠然とであるが始まる。
	第4段階	8〜12カ月	人や事物を予期するという形で2次的スキーマが形成される。見えなくなっても事物がなくならない永続性の概念が学習され，明確な予期にもとづいて行動をとるようになる。これを実践的知能という。
	第5段階	12〜18カ月	能動的な実験によって具体的な新しい手段を発見する（じゅうたんを引っ張っておもちゃをとる）。第3次循環反応も見られる。
	第6段階	18〜24カ月	頭の中の表象による操作ができるようになり，知性の萌芽が見られる。
前操作期（2〜7・8歳）	前概念的思考	2〜4,5歳	「大きさ」「重さ」などの概念を理解するが，コップの高さに注目するとコップの幅の広さに注目できないというように，1つの概念次元だけでしか考えられない。思考が知覚に依存している。自分の行為に自分で注をつけたりする自己中心的言語が見られる。
	直観的思考	4,5〜7,8歳	知覚的思考から論理的思考への芽生えがあるが，直観に依存するので，1列6個のビーズを2列3個に並び替えると増えたと思う。保存則がわかっていない。
具体的操作期（7・8〜11・12歳）			具体的事実についての操作を頭の中で描いたり，操作を逆にもとに戻したりできるようになる。可逆性，保存性の理解が確立する。自己中心的言語が終わる。
形式的操作期（11・12〜14・15歳）			あり得ないこと（川の水が上昇する）についても仮説演繹ができる。推移律を理解する。活動から独立した純粋に論理的な思考ができるようになる。

sensorimotor stage, reflexes, primary circular reactions, secondary schema, practical intelligence, tertiary circular reactions, preoperational stage, concrete operational stage, formal operational stage

うまくできないという状況が，自己を客体化できず，自己中心的言語が多くなるという状況に共通した要素であるというような考え方をしているのである。

🌑 エリクソンの心理社会的発達課題

ドイツ生まれの精神分析家エリクソンは，フロイトの人格発達の考えを改訂・拡張して，**心理社会的発達段階**という理論にまとめた。エリクソンによる改訂点はおおむねつぎのとおりである。

1. フロイトが神経症的行動の成立と治療に重点をおいたのに対して，エリクソンは，健康な人格発達を考察した。
2. 人格発達を社会化のプロセスととらえ，フロイトの心理-性的発達段階を心理社会的発達段階に書き換えた。
3. 心理社会的発達段階を**自我同一性**の概念で統一的に説明し，各段階に自我同一性獲得のための発達課題を設定した。

表6-6に，エリクソンの心理社会的発達段階を整理して掲げた。それぞれの発達段階には，発達課題がある。その発達課題を成功裡にこなしていけば，母子同一性，家族同一性，集団同一性，職業同一性，性的同一性，人類同一性などを順に獲得して，尊厳ある自己同一性を獲得するとエリクソンは考えた。逆に，それぞれの段階で挫折すると，発達段階上のキズを残したままつぎの段階へ移るようになる。前の発達課題がある程度十分にこなせていないと，つぎの発達課題に困難が生じるので，これを発達段階の漸成説とよんでいる。発達課題のやり残しがあまりに多いと，特に青年期後期になってから自己同一性の拡散という障害が起こるとエリクソンは考えた。自分の所属社会，準拠集団，職業などが決められず，責任をもった恋愛ができない現象は，自己同一性の拡散の現れと考えることができる。

Erikson, E.H., psychosocial developmental stage, ego-identity

表6-6 エリクソンによる心理社会的発達段階と発達課題

段階	年齢	心理社会的発達課題	重要な他者	フロイトの心理-性的段階	
I	0～1歳	信頼 対 不信	母性	口唇期	空腹なら授乳され，泣けばおしめをかえてもらえ，育児者から適切にかまってもらえるという経験を通じて信頼感を獲得する。
II	2～3歳	自律 対 恥・疑惑	親	肛門期	トイレットトレーニングをはじめとする親からのしつけによって自尊心と自律性を獲得する。
III	3～6歳	積極性 対 罪悪感	家族	性器期	言語と知能の発達の結果，好奇心と積極性を発揮する。エディプスコンプレックスを克服できないと罪悪感を抱いてしまう。
IV	6～12歳	生産性 対 劣等感	コミュニティ・学校	潜在期	学校などで生産性と達成によって社会的承認を得ようとする。
V	12～18歳	自我同一性 対 同一性の拡散	仲間集団	思春期，青年期	自分の役割を認識し，服装，言葉遣い，思想，宗教，アイドルなどによって自分の個性を表現し，自覚する。
VI	20代	親密・結束 対 孤立	友情，性，競争，協力のパートナー	成熟した性器期	V段階で獲得した自我同一性を根拠として，異性に対する自己呈示をし，異性と人間関係をもつ能力を獲得する。
VII	20代末～	生殖性 対 没我	配偶者，こども		性的喜びを見出したカップルは，家庭を築き，こどもを生み育てていこうとする。
VIII	50代以上	統合性 対 絶望	「全人類」「わが一族」		自身の人生をふりかえり，それを肯定することを獲得する。

significant other, Freud's psycho-sexual stages

コールバーグの道徳性発達理論

コールバーグは、道徳性の獲得を社会化の一つとしてとらえ、6段階の発達モデルを提唱した。6段階の最初の2段階を欲求や利益本位の「前道徳的段階」、第3、第4の段階を慣習的道徳を獲得する「社会的慣習段階」、第5、第6の段階を洞察と真の柔軟性が獲得される「自律的段階」あるいは「後慣習的段階」とよぶ（表6-7）。道徳段階の判定は、面接検査でエピソード課題を与えてそれへの答を分析する手法が用いられ、いわゆる「ハインツの課題」がよく知られている。それは大要、つぎのようなものである。

> ハインツ夫人は特殊な癌で死にかけているが、ある高価な薬を処方すれば助かる可能性があった。その薬品の製薬業者は、製造コストの10倍もの利益を得て販売していた。ハインツは友人などから借金したが、その薬に手が届かず、製薬業者に、妻が死に瀕しているから後払いにしてくれと交渉したが断られた。結局、ハインツはその薬を盗むために製薬業者に押し入ったが、この夫は正しかったかどうか、その判断材料は何か。

このような課題への被検者の回答を分析することで、6段階のどの段階に被検者がいるかを特定するのがコールバーグの手法の特徴である。

コールバーグの考えでは、道徳は、審美的価値、技術的価値、打算的価値などと並び、一般的な価値の下位概念の一つである。したがって、道徳発達のモデルに文化差は想定せず、一見、文化差にみえるものは、同じ発達モデルを進む速度の違いであると認識している。アメリカ、メキシコ、トルコで、こどもの発達を各年齢ごとに調べた研究では、どの年齢でも、高い段階にいるこどもの割合は、トルコより、アメリカとメキシコのほうに多かった

Kohlberg, L.

表 6-7　コールバーグによる道徳性の発達段階
（トーマス（著）　小川他（訳），1985 より岡本作成）

【I. 前慣習的水準（前道徳的水準）】 社会の善悪の規則に従うが，それは肉体的または快楽主義的結果（処罰，報酬，恩恵の交換）によっていたり，規則を強制する権威者の力によってである。

1　**罰と服従指向**　ある行為の正否は，それが罰をもたらすか報酬をもたらすかによる。もし個人がそのことによって罰せられるなら，それは悪いことであるからすべきではなく，もし罰せられないなら，行為の人間性の意味や価値に構わず行うことができる。

2　**ナイーブな道具的判断指向**　正しい行為は当事者の要求や，ときには他人の要求を満足させる道具となる。市場でそうであるように，人間関係は出資にみあった見返りをうけるということに基礎をおいている。相互性や平等は「あなたが背中をひっかいたから私もあなたの背中をひっかくよ」ということに関係しているが，忠誠や感謝や正義からのものではない。

【II. 慣習的水準】 個人は属している家族や集団，国家の期待に従うようになる。現在ある社会的秩序を積極的に支持したり正当だとみなしたりする。

3　**よい子指向**　他人を喜ばせたり助けたりするように振るまって相手に認められる。まず，個人のもつ意図が重要になる（「彼女はいいことのつもりだ」）。承認は「よい」状態でいることによって得られる。

4　**法と秩序指向**　義務を果たしたり，権威に敬意を払ったり，既存の社会秩序をその秩序自体のために維持するときには，その人はよいことをしている。

【III. 後慣習的水準，原則的または自律的水準】 権威や集団が何を価値あるものとして認めるかとか，そのような権威や集団への個人的関係の有無にかかわらず，正しいと確信できる普遍的価値を示そうとする。

5　**社会的契約指向**　これはふつう，立法的，功利論的なニュアンスを伴う。道徳的行為は，一般的な個人の権利という点と，批判に耐え社会全体が同意するような基準によって定められる。これはアメリカ憲法と合衆国政府の「公式の」道徳観である。個人的価値や意見は相対的であるという明確な認識があるので（段階4の法と秩序指向のように，法が神聖であるという理由で凍結されるのではなく），むしろ，社会的利益のために意見の一致を達成したり法を改正するための手続きがある。

6　**普遍的倫理原理指向**　個人の道徳判断は，普遍的な正義の原理，人権の相互性と平等，そして個人としての人間の尊厳への敬意にもとづいている。権利は，自分で選んだ一般的倫理上の信念に沿う良心によって定められるのである。

preconventional level, conventional level, post conventional level

のである（図 6-4）。

生涯発達の視点

　発達心理学の研究対象はかつてこどもと青年に限られていたが，1970 年代になって，人生のすべての時期を対象とする**生涯発達心理学**の視点が強調されるようになった。

　その中核は心理的な人生の総括と死の受容，そして，加齢による心身の変化の理解である。

　心理的な老化についての研究では，老年期の知的能力はさほど低下していないことがわかっている。60 代の半ばまでは知的能力に顕著な低下はみられない。また，自分の生活に責任をもたなくてよいという生活環境になることが心理的老化を促進する可能性が強いことがわかっている。事実，老人ホームなどの老人に適度の責任を果たしてもらうようにすることで幸福感が増し，活発になることがわかっている。

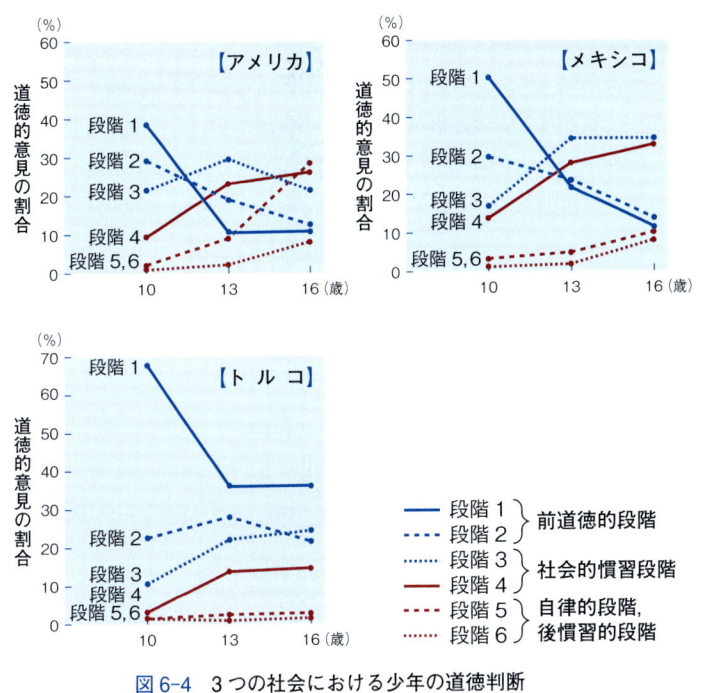

図 6-4 3つの社会における少年の道徳判断
(Kohlberg & Kramer, 1969 を一部改変)

Topic　知能の定義と構造

　私たちは「知能」という言葉を直観的に自明のように用いているが，知能ほど定義と構造についての仮説の多いものも少ない。

　スピアマンは，知能に「一般因子（g因子）」と能力分野に固有の「特殊因子（s因子）」の2因子を仮定し，2因子説を唱えた。

　これに対して，ヴァーノンは階層群因子説を唱えた。これは，「一般因子」の下に言語，数，教育の「v：ed大群因子」と実際的知能，機械的知能，空間的知能，身体的知能の「k：m大群因子」の2つの大群因子を仮定し，その下にいくつかの小群因子，その下に個々の知能があるというモデルである。

　さらにサーストンは，知能の「多因子説」を主張した。それは，言語（V），語の流暢性（W），空間（S），数（N），記憶（M），帰納的推論（I），知覚（P）の7因子のモデルである。

参考図書

エリクソン，E. H.・エリクソン，J. M.　村瀬孝雄・近藤邦夫（訳）（2001）．ライフサイクル，その完結　増補版　みすず書房

滝沢武久（2007）．ピアジェ理論からみた幼児の発達　幼年教育出版

ライマー，J.・パオリット，D. P.・ハーシュ，R. H.　荒木紀幸（監訳）（2004）．道徳性を発達させる授業のコツ――ピアジェとコールバーグの到達点――　北大路書房

鑪幹八郎（1990）．アイデンティティの心理学　講談社

イタール，J. M. G.　古武彌正（訳）（1975）．アヴェロンの野生児　福村出版

ゲゼル，A.　生月雅子（訳）（1967）．狼にそだてられた子　家政教育社

鳥居修晃・望月登志子（1992/1997）．視知覚の形成1・2　培風館

Spearman, C.H.,　Vernon, P.E.,　Thurstone, L.L.

好評書ご案内

質問紙調査と心理測定尺度
計画から実施・解析まで
宮本聡介・宇井美代子 編　　　　　　　　A5判／336頁　　本体2,300円

本書は，質問紙調査の実施計画・方法から，心理測定尺度の使い方，結果の整理・解析，論文・レポートの書き方，研究者としての心構えまで，詳しく解説したテキストです。好評シリーズ『心理測定尺度集』の副読本としても最適な一冊です。

心理測定尺度集　　　　　　　　　　　〈監修〉堀　洋道

Ⅰ～Ⅳでは，社会心理学，臨床心理学，発達心理学を中心とする心理学の領域で，それぞれの発達段階の人を対象として作成された尺度を選定し，紹介しています。Ⅴ，Ⅵではそれまでの4巻の編集方針を基本的に継承しながら，主に2000年以降に公刊された学会誌，学会発表論文集，紀要，単行本の中から尺度を収集し，紹介しています。

Ⅰ 人間の内面を探る 〈自己・個人内過程〉
山本眞理子 編　　　　　　　　　　　　B5判／336頁　　本体2,700円

Ⅱ 人間と社会のつながりをとらえる 〈対人関係・価値観〉
吉田富二雄 編　　　　　　　　　　　　B5判／480頁　　本体3,600円

Ⅲ 心の健康をはかる 〈適応・臨床〉
松井　豊 編　　　　　　　　　　　　　B5判／432頁　　本体3,400円

Ⅳ 子どもの発達を支える 〈対人関係・適応〉
櫻井茂男・松井　豊 編　　　　　　　　B5判／432頁　　本体3,200円

Ⅴ 個人から社会へ 〈自己・対人関係・価値観〉
吉田富二雄・宮本聡介 編　　　　　　　B5判／384頁　　本体3,150円

Ⅵ 現実社会とかかわる 〈集団・組織・適応〉
松井　豊・宮本聡介 編　　　　　　　　B5判／344頁　　本体3,100円

株式会社 サイエンス社

〒151-0051　東京都渋谷区千駄ケ谷1-3-25　　TEL (03)5474-8500　　FAX (03)5474-8900
ホームページのご案内　http://www.saiensu.co.jp　　　　　　＊表示価格はすべて税抜きです。

新刊のご案内

ポテンシャル臨床心理学

横田 編著／津川・篠竹・山口・菊島・北村 著　A5判／288頁　本体2,400円

現代社会では，こころをめぐる難しい問題が多くあり，それらにどのように対応するのかについての基礎的な知識が必要とされています。また，公認心理師法の成立に伴って，公認心理師が国家資格となり，臨床の現場で独立した活動ができるような人材が求められています。そのようななか，臨床心理学に期待される役割はますます大きくなると言えるでしょう。本書では，臨床心理学の基本を生物・心理・社会の総合的なモデルとしてとらえ，その基礎的な知識を臨床・教育現場における経験豊富な著者陣が，初学者にも分かりやすいよう丁寧に解説します。2色刷。

自分の中の隠された心
非意識的態度の社会心理学

潮村公弘 著　　　　　　　　　　　　四六判／168頁　本体1,600円

私たちは，自身の思考や判断，行動などを自分で考えたうえで意識的・主体的に行っていると考えがちです。しかしながら，古くからフロイトなどにより，私たちが意識的に認識していること以外に，「無意識」という意識できていない心のはたらきがあることが指摘されてきました。本書では，そのような概念を「非意識」としてとらえ直し，その測定方法や研究による成果について解説します。長年日本とアメリカで非意識・無意識の研究に携わってきた著者が，進展する研究の熱気を伝えます。

統合失調症
孤立を防ぎ、支援につなげるために

石垣琢麿・橋本和幸・田中理恵 著　　　　四六判／160頁　本体1,800円

本書は，青年期に多く発症するといわれている統合失調症について，その基礎知識から，専門家より受けられる援助，さらには周囲の人々ができる支援の仕方までを経験豊富な著者陣がQ＆A形式でわかりやすく解説します。とくに，教育関係者が統合失調症の当事者に対してどのように接すればよいかについて具体的に説明しています。統合失調症の当事者，関係者にぜひ読んでいただきたい一冊です。

好評書ご案内

●ライブラリ スタンダード心理学 〈監修〉松井 豊●

心理学の基本的な枠組みを理解し,最新の知見を学ぶのに最適なテキストです。今後10年以上にわたり心理学研究の標準となりうる知見を体系立てて紹介しています。また,初学者でも独習が可能なよう,わかりやすい文章で解説しています。心理の専門職を目指す方はもちろん,福祉職・教育職・臨床職を目指して通信教育で学んでいる方にもおすすめです。見やすい2色刷。

スタンダード認知心理学
原田悦子 編　　　　　　　　　　A5判／288頁　本体2,500円

本書では,これまでに明らかになった認知過程に関するモデルを幅広く紹介・解説します。さらに,「人の実際の生活と認知過程の関係」についても,これまでの知見と考え方の枠組みを明らかにします。

スタンダード自己心理学・パーソナリティ心理学
松井　豊・櫻井茂男 編　　　　　　A5判／272頁　本体2,400円

心理学における自己研究や,パーソナリティに関する研究は近年盛んに行われています。本書ではこのような趨勢を踏まえ,気鋭の著者陣が斯学のエッセンスを分かりやすく解説します。

スタンダード臨床心理学
杉江　征・青木佐奈枝 編　　　　　A5判／336頁　本体2,800円

本書では,臨床心理学の基礎理論から種々の臨床心理学的技法,さらには昨今の臨床現場の実情に至るまで,教育・臨床経験豊富な著者陣が,幅広く系統的に解説します。

スタンダード感覚知覚心理学
綾部早穂・熊田孝恒 編　　　　　　A5判／304頁　本体2,600円

スタンダード教育心理学
服部　環・外山美樹 編　　　　　　A5判／240頁　本体2,400円

スタンダード発達心理学
櫻井茂男・佐藤有耕 編　　　　　　A5判／320頁　本体2,600円

スタンダード社会心理学
湯川進太郎・吉田富二雄 編　　　　A5判／312頁　本体2,600円

サイエンス社・出版案内 Feb.2017

新刊のご案内

発達の心理 ことばの獲得と学び

内田伸子 著　　　　　　　　　　　　　　四六判／224頁　本体2,100円

本書は，発達心理学の第一人者による最新の教科・参考書です。近年，発達心理学は脳科学や生命科学との接近・架橋・連携がすすみ，人間発達についての見方も大きく様変わりしました。そのような情勢を踏まえ，本書では「人間は生まれてから死ぬまでどのように発達するか」という発達心理学における基本的な問いに答えるために人間の証左である言語に焦点をあて，ことばの獲得と教育という視点から，人間の発達を描き出しています。

最新　認知心理学への招待[改訂版]
心の働きとしくみを探る

御領・菊地・江草・伊集院・服部・井関 共著　A5判／352頁　本体2,950円

本書は，20年以上にわたり好評を博してきた認知心理学の教科・参考書の改訂版です。認知心理学の内容の深化や領域の広がりに対応するため，新たに3名の著者が加わりました。全体の構成はそのままに，現在も価値のある古典的研究は残しつつ，できるだけ新しい知見を取り入れるという方針のもと，内容を一新しました。視覚的な理解にも配慮し，2色刷としました。

環境心理学の視点
暮らしを見つめる心の科学

芝田征司 著　　　　　　　　　　　　　　A5判／256頁　本体2,300円

本書は，学際的な研究領域として発展の目覚ましい環境心理学の入門テキストです。知覚や認知といった心理学的な内容のほか，建築学や犯罪学，社会学などのさまざまな領域に関連した内容について，身近で日常的な場面を例として取り上げ，本書を読みながら体験できるように工夫して解説しています。何気ない日常の中に，知的探求のきっかけを見つけることのできる一冊です。

性　　格　7

　同じ場面に出会っても人が違えば行動が違う。それは性格に個人差があるからである。性格をとらえる試みは多数開発されており，手法によって性格の概念規定も少しずつ異なる。ここでは，その代表的なものについて概観する。

類型と特性

人格のとらえ方には，大きく分けて，**類型論的アプローチ**と，**特性論的アプローチ**がある（図 7-1）。

類型論 類型論は，人格のタイプを設定し，個人をそのどれかのタイプに当てはめるとらえ方である（表 7-1）。いちばん最初に外向性の問題を扱ったユングは，外向型，内向型を当初は類型として考え，各個人をすべてこの2つのいずれかに当てはめて考えた（用語も，Extrovert, Introvert という名詞を用いた）。

その考え方では外向型と内向型の中間というものはない。類型論では，人格を名義尺度（性別や学籍番号のように，尺度が名義としてのみ意味をもつもの）としてとらえるので，統計的にも名義尺度にそった処理をすることになる。

特性論 特性論的アプローチでは，人格を「内向—外向」などの特性の複合体と考える立場をとる（図 7-2）。そこでは，たとえば外向性という特性は偏位としてとらえられ，もっとも外向的な極から，もっとも内向的な極までに至る分布上で認識される。すなわち，分布上，もっとも人数が多いのは，中央付近であるという了解になる。その立場では，外向的，内向的，という言葉にも，Extroverted, Introverted, という形容詞が用いられ，類型でなく特性でとらえているということが示されている。

この立場では，外向性，内向性は，数量的なスコアを用いて表され，このスコアは距離尺度としての統計処理に付されることになり，正規分布を仮定した処理も許されることとなる。社会心理学では，特性論的なアプローチが多く用いられる。

typological theories, trait theories, Jung, C.G.

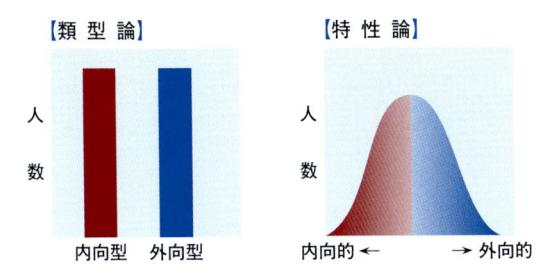

図7-1 **類型論と特性論の分布的イメージ**
類型論と特性論では，図のような分布イメージの違いがある。

表7-1 **パーソナリティ類型論の例——クレッチマーの気質類型論**

	体　型	性　質
循環気質	肥満体型	社交的で同調的。もっとも極端な人は躁うつ病となる。
分裂気質	やせ型	自己の内側に閉じこもり，親しい少数の人とだけつきあう。もっとも極端な人は分裂病となる。
ヒステリー気質	筋肉体型	自身の欲求に自然であり，がまんをしない。もっとも極端な人はヒステリー病となる。

このクレッチマーの気質類型論はかつては広く好まれたが，現在は妥当ではないという見方が一般的である。

```
抑うつ性　小 ⇔ 抑うつ性　大       攻撃的でない ⇔ 攻撃的
気分の変化　小 ⇔ 気分の変化　大     非活動的 ⇔ 活動的
劣等感　小 ⇔ 劣等感　大           のんきでない ⇔ のんき
神経質でない ⇔ 神経質             思考的内向 ⇔ 思考的外向
客観的 ⇔ 主観的                   服従的 ⇔ 支配性　大
協調的 ⇔ 非協調的                 社会的内向 ⇔ 社会的外向
```

図7-2 **特性論的パーソナリティ論の例——ギルフォードの性格因子論**
ギルフォードの性格因子論では12の因子のスコアによって，人格を記述するシステムを提唱している。これは，現在も用いられている矢田部-ギルフォード性格テストのもとになっている。

Kretschmer, E., cyclothyme, schizoid, hysteria

ビッグ・ファイブ

特性的測定を用いた研究が多くなされるにつれて、それらの研究で抽出される因子の構造の共通性がしだいにわかってきた。典型的には、つぎの5つの因子が共通して見出されるようになったのである。

　　N（Neuroticism）：情緒不安定性
　　E（Extraversion）：外向性
　　O（Openness）：知性
　　A（Agreeableness）：同調性
　　C（Conscientiousness）：誠実性

この5因子の構造は、特性語を用いた研究だけでなく、文章表現を用いた人格評価質問紙、両極尺度を用いた質問紙、単極尺度を用いた質問紙など、広範な方法によって共通して見出されることが確認されるとともに、最初に研究が多く行われたアメリカだけでなく、イギリス、ドイツ、日本など、複数の言語/文化圏で追試されるにつれ、しだいに妥当性の高いものと考えられるようになった。そこで、この5つの因子をゴールドバーグらが**ビッグ・ファイブ**と名づけ、人格心理学、社会心理学でこの用語がよく用いられるようになった（表7-2）。

ただし、ビッグ・ファイブが何の構造を表しているかについては、つぎのようにいくつかの考え方がある。

1. 人間の人格個人差そのものの構造。
2. 人間の人格認知の構造（これを、暗黙裡の人格観の構造とよぶ）。
3. 辞書的な人格描写語の構造。

Goldberg, L.R., Big Five

表7-2 ビッグ・ファイブ尺度の因子分析（和田，1996を一部改変）

F1	F2	F3	F4	F5	
755	072	−085	089	−073	話し好き
−749	011	133	023	120	無口な
749	−012	049	147	136	陽気な
735	−033	172	107	050	外向的
−709	113	028	054	−068	暗い
−689	047	199	116	−143	無愛想な
673	061	132	075	100	社交的
−602	086	155	−001	−206	人嫌い
585	007	272	−017	−017	活動的な
−580	083	−097	165	136	意思表示しない
557	−009	317	−080	−122	積極的な
−520	137	−119	−002	189	地味な
010	791	008	−042	−002	悩みがち
081	749	−066	−057	−019	不安になりやすい
133	713	−069	−151	010	心配性
−108	666	102	−089	057	気苦労の多い
−081	651	−200	049	071	弱気になる
−003	638	019	034	009	傷つきやすい
007	619	−144	203	059	動揺しやすい
−110	561	089	−140	−123	神経質な
015	−554	109	077	153	くよくよしない
−131	538	−076	−003	−176	悲観的な
−124	452	−109	039	152	緊張しやすい
−271	416	079	065	−107	憂鬱な
−100	−044	676	106	−020	独創的な
−054	−079	658	−081	−015	多才の
025	−051	628	−018	032	進歩的
−102	−041	627	−156	037	洞察力のある
012	−007	592	118	002	想像力に富んだ
−099	−003	564	−040	−010	美的感覚の鋭い
076	−051	548	−110	−043	頭の回転の速い
172	−082	533	−032	103	臨機応変な
087	053	514	053	066	興味の広い
131	047	507	108	057	好奇心が強い
−009	−083	450	−091	−010	独立した
098	−075	430	−123	−030	呑み込みの速い

F1	F2	F3	F4	F5	
018	−086	−015	731	−099	いい加減な
000	002	−027	665	051	ルーズな
−134	055	−023	609	−102	怠惰な
−005	−130	−035	609	104	成り行きまかせ
−236	−044	082	580	005	不精な
014	069	110	−575	−062	計画性のある
−188	−057	013	572	068	無頓着な
188	187	006	547	−104	軽率な
−135	099	113	−497	078	勤勉な
−011	078	025	495	031	無節操
−113	165	075	−487	083	几帳面な
106	102	078	472	−141	飽きっぽい
−079	094	138	082	730	温和な
150	154	032	027	−638	短気
133	211	052	−004	−636	怒りっぽい
−044	011	257	150	589	寛大な
174	215	202	−002	576	親切な
120	193	142	−051	557	良心的な
225	152	114	−054	511	協力的な
−094	130	200	049	−508	とげがある
053	183	001	110	−492	かんしゃくもち
084	026	233	162	−487	自己中心的
157	060	021	068	472	素直な
−014	177	185	202	−466	反抗的

F1：外向性
F2：神経症傾向（情緒不安定性）
F3：開放性（知性）
F4：誠実性
F5：調和性（同調性）

タイプAとタイプC

これまでに，健康と関係する人格的類型がいくつか提唱されている。そのうち，心臓疾患と関連するとされるタイプAと，癌と関連するとされるタイプCについて紹介する（図7-3）。

タイプA　フリードマンとローゼンマンは，3,200人の成人の面接調査にもとづいて，**タイプA**と**タイプB**（タイプAでない人）に分けておき，8年間追跡調査をした。その結果，当初タイプAと判定されていた人が，タイプBの2倍程度の比率で心臓疾患にかかっていくことがわかった。この研究にもとづき，タイプAの概念が提唱された。タイプAを構成する人格要素は，過度の競争性，過度の時間切迫感，抑揚が強く早口の話し方，一般的に敵対的な社会的スタイルである（図7-4）。疫学的手法の研究では，タイプAの傾向は，同性の親子で相関があり，学習による獲得の可能性が示唆されている。タイプAの理論は医学界でも支持する立場が強くなり，現在は，人格治療による心臓疾患の予防/治療の可能性も考えられている。

タイプC　アイゼンクは，癌になる人には特徴的な人格があると提唱し，それを**タイプC**と名づけた。その特徴は，もの静かで，自己主張をせず，過剰なほど協調性や忍耐力があり，人の和を求めて争いを避けるところである。その基礎的構造は，情動の強い抑制とストレスコーピングがうまくできないことにあるとされる。これまでにアイゼンクが発表しているデータでは，タイプCの人は有意に高率で癌で死亡する傾向が確かにあるが，タイプAほど広い支持を得るには至っていない。

Type A, Type B, Eysenck, H.C., Type C (cancer-prone personality)

タイプAとタイプC

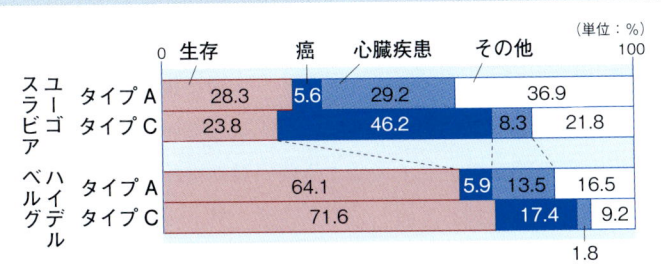

		生存	癌	心臓疾患	その他
ユーゴスラビア	タイプA	28.3	5.6	29.2	36.9
	タイプC	23.8	46.2	8.3	21.8
ベルクハイデル	タイプA	64.1	5.9	13.5	16.5
	タイプC	71.6		17.4	1.8 / 9.2

(単位：％)

図7-3　タイプAとタイプCの死因追跡データ
（上：Grossarth-Maticek et al., 1988；下：Grossarth-Maticek & Eysenck, 1988 から岡本が作成）

いずれも，タイプAの心臓疾患による死の比率が高く，タイプCの癌死の比率が高い。このようなデータから，因果関係が完全に明らかではないものの，人格と特定の疾患に関連があることが示唆される。

左（17←9←1）		右（1→9→17）
約束の時間にけっして遅れない		約束の時間を守らない
非競争的		競争的
他の人がどういう応答をするかを予想しながら話す		他の人の話の聞き役になる
いつも急いだ気分だ		どんなに忙しいときでも急いだ気分にならない
全力を尽くす		気楽にしている
用事は一度に一つずつかたづける		一度に多くの用事をかたづける
話し方が精力的だ		話し方が遅くゆっくりしている
よい仕事をしたら認められたい		仕事に自分が満足できればよい
食べたり歩いたりするのが速い		食べたり歩いたりするのが遅い
のんきだ		むきになる
感情を噛み殺す		感情を外に出す
仕事以外の興味関心が多い		仕事以外の興味関心が少ない
仕事で現状に満足している		仕事で野心をもっている

図7-4　成人用タイプA尺度（Bortner, 1969；岡本, 1998）

権威主義的人格

権威に対して無条件に服従・同調する人格を**権威主義的人格**という（次ページ上の Topic 参照）。ドイツでのヒトラーの台頭，第2次世界大戦勃発，ドイツによる強い対外排斥とユダヤ人に対する強い迫害の人格的素因として，戦後，アドルノらによって研究対象となった。当初，アドルノらは，つぎのような構成要素によって，それぞれの特性下位尺度を作成した。

1. **反ユダヤ主義**……ユダヤ人を諸悪の根源と考え排斥する傾向。
2. **自民族中心主義**……自国民がすべてにおいて優秀であり，純血を目指し，他民族との婚姻や他文化の取り入れを排斥する傾向。
3. **政治・経済的保守主義**……政治経済において変化を排斥する傾向。
4. **ファシズム主義**……全体主義的思想傾向。
5. **教条主義**……1つの教条を受け入れるとそれに盲従する傾向。
6. **因襲主義**……新しいことを嫌い，古いものを古いゆえによしとする傾向。

これらに共通する要素は，あいまいさを嫌い，いったん単純な基準を受け入れると，硬直した態度でそれを規範とする傾向である。また，内面的な心理的問題を外面化する傾向（精神分析の投映概念も含まれる）が，権威主義的傾向の人には強いことが，臨床心理学的手法による面接で確認されている。

さらに後年になり，権威主義的人格は，社会的態度に特徴があるだけでなく，認知傾向に特徴のあることが示されている。「場への依存性」（次ページ下の Topic 参照）との関連など，その一つである。

authoritarian personality, Anti-Semitism, Ethno-centrism, Political-economic conservatism, Fascism, Dogmatism, Conventionalism

Topic　権威主義のテスト項目

① 行儀よくふるまうことは，大切だと思う。
② 自分は，形式を重んずる人間だと思う。
③ 公的な行事に出席しても，まったく緊張しない。
④ 礼儀作法には，人一倍うるさい。
⑤ 威厳や品位ある行動を心がけている。
⑥ いくら親密でも，人前で手をつないだりするのは，はしたないと思う。
⑦ その場にふさわしいかどうかをあまり気にせず，私は感じたままにふるまっている。（逆転項目）
⑧ 人が集まっているところでも，私は本音で話をする。（逆転項目）
⑨ 世の中の礼儀作法やしきたりは，きゅうくつだ。（逆転項目）
⑩ 人と比べると，かなりマナーのよいほうだ。

(バス，1984)

　この尺度は，権威主義の一部を構成すると後に考えられるようになった形式主義尺度の日本語訳である。

Topic　場独立性―場依存性

　認知スタイルの次元の一つ。パーティ会場のように会話が交錯する状況で，自分が聞きたい会話だけがきちんと聞けるのは，多くの会話の中から自分に関心のある言葉だけを独立的に抽出して注意を向けているからである。このようなことが得意な認知スタイルを**場独立性**といい，苦手な認知スタイルを**場依存性**という。

　測定方法としては，**ロッド・アンド・フレーム・テスト**とよばれるものと，**埋め込み図形検査**とよばれるものが知られている。前者は，傾いた椅子に座り，別の角度に傾いた枠が見える状況で，鉛直方向（重力の方向）に棒の角度を調整するテストである。場独立的な人は，自分の体感（椅子の角度）に影響される度合が高く，場依存的な人は視角的枠組みに影響されやすい。埋め込み図形検査は，一枚の絵に探し出すべき図形がたくさんあるが，文脈に依存するとそれが探しにくくなっている刺激を使って検査をする。

　一般的に，年齢，教育水準に伴って場独立性が高くなることがわかっている。認知スタイルの研究者の中には，権威主義的傾向を，場依存性の特殊型の一つと考える立場がある。

field-independence, field-dependence, Rod-and-Frame Test (RFT), Embedded Figures Test (EFT)

🔵 フロイトの人格観

　フロイトは，彼独自のリビドー（性的エネルギー）の概念から，口唇的人格，肛門的人格，性器的人格というものを提唱した。現在，これらの人格分類の妥当性を強く信じる研究者は少ないが，研究者間の会話では，一つの類型了解としてよく用いられるので，知っておくほうがよい（表7-3）。

口唇的人格　人間は出生から1年半ほどは口唇期とよばれ，口唇がもっとも重要な感覚器官となる。母乳もその他の食べ物も口唇で摂取するし，口唇による喃語（なんご）によって大人の注意を獲得できる。また，育児者への絶対的依存と，育児者を意のままにできるという万能感が人間関係の特徴となる。このパターンが中核になっている人格を口唇的人格といい，対人依存，わがまま，おしゃべり，気に入らない相手への言語による攻撃が特徴とされる。

肛門的人格　生後2年から3年ごろを肛門期とよぶ。おしめをはずす排泄の訓練が主要な出来事となり，がまんしていた便を排泄するカタルシスの快感，トイレまでうまく待てないときの失敗感，うまくトイレができたときの達成感，排泄訓練への大人による賞罰への関心が強い。これが中核となる人格を肛門的人格といい，倹約，頑固，几帳面，上下関係への依存，支配と服従が特徴的とされる。

性器的人格　生後3年から5年ごろを性器期とよぶ。男女の違いを認識すると同時に，異性の親に愛着とそれゆえの罪悪感をもつ。性的コンプレックス，罪悪感，空想的傾向などの強い人格を性器的人格という。

Freud, S., libido, oral personality, anal personality または anal retentive personality, genital personality

表7-3 フロイトによる精神分析学でよく用いられる用語

自我・イド	欲望，欲求の主体を自我，イドという。ほぼ同意義。
超自我	自我を検閲する心的装置。親などから禁止，規範，道徳などを記憶し自我をチェックする。
前意識	日常的には思い出す必要がないが，必要となれば思い出せる記憶内容を保持している心的装置。
無意識	たとえ必要となっても思い出せない記憶内容を保持している心的装置。抑圧の対象となる記憶事象が保持されているところ。
抑圧	倫理的に許されない欲望をもつと，自我と超自我が葛藤する。それが一定以上激しいと，その記憶事象の認知が苦痛となるため，記憶事象が無意識へ送られ，思い出せなくなる。これを抑圧という。
エディプス・コンプレックス	男児が母親に性的空想をもつと，その罪悪感から，父親に去勢される不安（去勢不安）をもつ。その結果，父親に敵対感情を，母親に愛の喪失不安をもつのをエディプス・コンプレックスという。
エレクトラ・コンプレックス	女児は，自分にペニスがないことに気づくと，ペニス願望をもち，父親を思慕するようになるとともに，そのことに罪悪感をもち，かつ，母親を厭うようになる。
心的外傷（トラウマ）	心に強い痛みを生じさせた経験をいう。精神分析では，幼児期の心理性愛的な外傷の抑圧が神経症の原因となりやすいと考える。

ego, id, super-ego, pre-consciousness, unconsciousness, repression, Oedipus complex, Electra complex, trauma

投影テスト

人間には,自分の感情などを自分以外のものに感じるという機能があり,これを投影とよんでいる。空の雲を楽しいもの（たとえば,綿菓子）に感じたり,嫌なもの（たとえば,妖怪）に感じたりするのは,雲の形のせいよりは,それを見た人の心の状態の投影による度合いが高いのである。

質問紙による特性テストの他に,この投影機能を利用したテストがいくつかある。ロールシャッハ・テスト,TATテスト,P-Fスタディ,文章完成テストなどが,代表的なものである。ロールシャッハ・テストでは,紙にインクをたらしてそれを二つ折りにして広げた図形が用いられる。TATテストでは,人と人が何か話し合っているようだが,その表情がはっきりとは読み取れない図が用いられる（図7-5）。P-Fスタディは,一コマ漫画のような場面中で主人公が欲求不満にさらされている図版を見て,主人公の会話文を作成する（図5-11参照）。文章完成テストは,文のヒントだけが与えられていて,その文を完成する課題が与えられている。これらに共通するのは,あいまいな刺激を見せて,被検者にそれに反応させるという点である。また,ロールシャッハ・テスト,TATテストは,被検者と検査者が一対一の面接方式で行われる。

投影テストは,質問紙などを用いた特性テストでは明らかにできない個人の微妙な心理的特徴を明らかにすることができるという大きな特徴を備えている。しかし,検査の実施,検査の解釈にはかなりの熟練を要すると同時に,再検査信頼性などが十分高くなりにくいという面ももっている（表7-4）。

そのため,特定の個人の詳しい人格検査が必要な場合は,投影テストと特性テストの両方を併用して,その短所を補いつつ総合

projective tests, projection, Rorschach test, Thematic Apperception Test,
Picture-Frustration Study, Sentence Completion Test

【TAT（見本）】　　【ロールシャッハ・テスト（見本）】

図 7-5　対面方式の投影テストの例
注：テストの信頼性を損なわないように，実物を模倣した図版を用いている。

表 7-4　対面方式の投影テストの特徴

一度に検査できる人数	あまり多くない。
検査者の訓練	相当必要。
解釈のための訓練	相当必要。
検査者による反応/解釈の食い違い	検査者が未熟なら大きい。また，その大きさが十分評価できない。
解釈の方式	単純な加算ではない。
解釈の対象	反応の内容だけでなく，手がかりの評価や反応時間など，多面的。
承認欲求による反応バイアス	一般的に小さいが，検査者が未熟ならば大きくなりうる。
解釈基準が被検者にわかるか	全容がわかることはほとんどない。

的所見を得ようという態度で検査を進めることが適当である。

ギルフォードの性格因子論と矢田部-ギルフォード性格テスト

ギルフォードは，人間の人格全般が12個の特性で表されると主張した（図7-2参照）。ギルフォードテスト，あるいは，日本で矢田部-ギルフォード性格テスト（Y-G性格検査）とよばれるものは，このモデルにしたがって作成されたものである（図7-6，表7-5）。

被検者は，120個の質問文に「はい」「？」「いいえ」で答える。120個の質問文（尺度）は，10問ずつ12組に分かれており，12因子に対応した合計スコアが算出されるようになっている（因子分析は相互に高く相関するもの同士を一まとめにまとめ上げていく統計の分析手法である）。その考え方で，120個の質問の答の相関が12個の因子にまとめ上げられるというしくみになっている。実際には，もっと少ない因子数にまとめ上がることが予想されるが，このテストが開発された当時は，コンピュータの処理能力が低く，因子分析もストレートにはできないころだった。

Y-G性格検査では，それぞれの特性スコアが出た後で，つぎの5種類の基準によって類型判断が行われる。

A型：どの特性においても中庸となる平均的な傾向。
B型：抑うつ性，気分の変化，劣等感，主観性が高く，攻撃性，外向性の高い傾向。
C型：抑うつ性，気分の変化，劣等感が低く，客観的で，攻撃性が低く，内向的な傾向。
D型：抑うつ性，気分の変化，劣等感が低く，客観的で，攻撃性，外向性の高い傾向。

Guilford, J.P., Guilford Test, Yatabe-Guilford personality inventory

ギルフォードの性格因子論と矢田部-ギルフォード性格テスト　　167

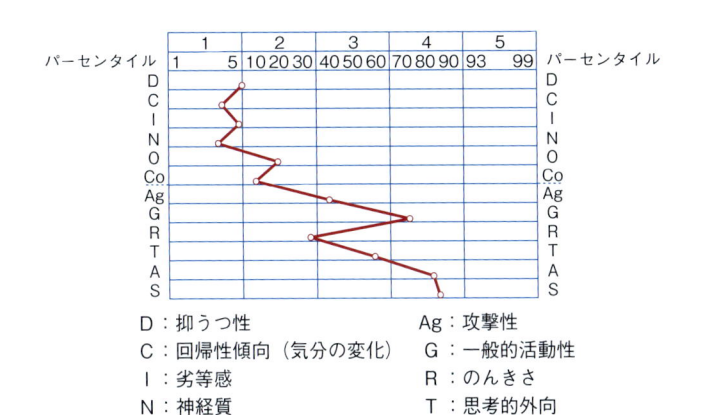

```
パーセンタイル    1   2   3   4   5   パーセンタイル
            1  5 10 20 30 40 50 60 70 80 90 93  99
         D                                        D
         C                                        C
         I                                        I
         N                                        N
         O                                        O
         Co                                       Co
         Ag                                       Ag
         G                                        G
         R                                        R
         T                                        T
         A                                        A
         S                                        S
```

D：抑うつ性　　　　　　　　Ag：攻撃性
C：回帰性傾向（気分の変化）　G：一般的活動性
I：劣等感　　　　　　　　　R：のんきさ
N：神経質　　　　　　　　　T：思考的外向
O：客観性　　　　　　　　　A：支配性
Co：協調性　　　　　　　　　S：社会的外向

図7-6　質問紙による特性テストの例
　　　──Y-G性格検査のプロフィール例

表7-5　質問紙による特性テストの特徴

一度に検査できる人数	多い。
検査者の訓練	あまり必要でない。
解釈のための訓練	ある程度必要。
検査者による反応/解釈の食い違い	ほとんどない。その大きさが統計的に評価できる。
解釈の方式	該当項目への反応の加算。
解釈の対象	項目への反応の数量化。
承認欲求による反応バイアス	大きいことがありうる。
解釈基準が被検者にわかるか	容易にわかることが多い。

E型：抑うつ性，気分の変化，劣等感，主観性が高く，攻撃性が低く，内向的な傾向。

特性にもとづき，このような類型が出るところがギルフォードテストの特徴である。A型は，平均型の人柄，B型は要注意人物型，C型は平穏型，D型は管理者型，E型は変人型と命名されている。

性別アイデンティティ

生物上の性別とは別に，心理的な「男らしさ」「女らしさ」の個人差がある。それを，性別アイデンティティとよんでいる。それを測定するものとしては多くの尺度が提唱されているが，ベムの BSRI（Bem's Sex Role Inventory）が有力なものの一つとされてきた（表7-6）。この尺度では，個人は純男性的，男性的，両性的，女性的，純女性的というように分類されていた。

認知社会心理学の隆盛に伴って，セルフ・スキーマの概念が提唱されるにおよび，性別アイデンティティをジェンダー・スキーマ（性別に関するセルフ・スキーマ）として理解しようという傾向が強くなった。ジェンダーについて認知しやすい思考のしくみをもっていることを「ジェンダー・スキーマがある」といい，男らしさ，女らしさの強い人はジェンダー・スキーマの形成度の高い人であると考えるのである。

道具の一部の拡大写真や，おもちゃの一部分の拡大写真を見て何の写真かを答えるテストを作る。ジェンダー・スキーマの形成度の高い女性は，女性的道具，女性向きおもちゃの成績が，男性的道具，男性向きおもちゃの成績を大きく上回るというパターンの結果が，男女両方で検出された。また，性別アイデンティティ・スコアの極端な人は，性役割に関する認知判断にかかる時間が短くてすむという実験結果が報告された（表7-7）。このような実

gender identity, gender schema

表7-6 BSRIの尺度項目 (岡本, 1988)

男性性項目	女性性項目
自信がある	従順である
反論にあうと再反論する	ほがらかである
人に頼らない	内気である
運動が得意である	やさしい
自己主張が強い	おだてられるとうれしい
個性が強い	忠実である
押しが強い	女性的である
分析的に考える	共感しやすい
リーダーとしての能力がある	他人の求めているものがすぐわかる
危険を冒す	ものわかりがよい
決断が早い	同情心が厚い
自分で何でもできる	傷ついた人の心を慰めてやりたい
人に指図をする	言葉遣いがやさしい
男性的である	あたたかい
自分の立場を明確に打ち出す	人やものをいつくしむ
積極性がある	信じやすい
リーダーとしてふるまう	無邪気である
個人的である	激しい言葉使いをさける
人と競争する	こどもが好きである
大志を抱いている	情がこまやかである

各尺度は,「自分にまったくあてはまらない」を1,「自分に非常によくあてはまる」を7として回答する形式。

表7-7 **性別アイデンティティ分布** (岡本, 1991より作成)

	男性性スコア		女性性スコア	
	男性	女性	男性	女性
低いほうから10%	66	57	73	77
低いほうから20%	72	64	79	83
低いほうから30%	77	70	84	87
低いほうから40%	81	74	87	90
平　均	85	78	91	94
高いほうから40%	89	82	94	97
高いほうから30%	93	87	98	100
高いほうから20%	98	92	102	104
高いほうから10%	104	99	108	110

それぞれのスコアは表7-6の20項目への回答値(1〜7)の合計値。

験結果から，心理的な性別アイデンティティは，人格要素としてのジェンダーについての認知形成度と密接に関わっていることが示され，外向性，正直さ，自立心などとともに，セルフ・スキーマで再解釈が妥当な特性概念であると考えられるようになった。

気　質

人格のもっとも基本的な個人差として，**気質**という概念が重要視されている。人格には，経験や学習によって獲得される要素が含まれているのに対して，気質は，長期的（一生涯に近く）に変化せず，幼児でも測定可能な概念と考えられている。基本的な構成要素については，いくつかの説があるが，「苛立ちやすさ」「微笑」「運動のなめらかさ」「新しい刺激への適応性」などの要素は各説に共通して含まれている。

気質の代表的研究者の一人とされるケーガンの理論では**抑制型と非抑制型**という特性が気質の中心を構成すると考え，抑制傾向を指標として測定するための実験室的な観察手法が生み出された。ケーガンの研究グループでは，月齢 21 カ月のときの抑制傾向の指標と，同じこどもたちが 7 歳半になったときの抑制傾向の指標を比較する研究を行った。その結果，21 カ月のときと 7 歳半のときの指標の相関が高く，約 3/4 が 2 度とも同じ型に入っていた（図 7-7）。

因子分析的な手法で気質の構造を決定しようという試みもある。ロスバートを代表とする学派では，気質を 15 個の特性によって記述するフォームによって，アメリカ，中国，日本など，さまざまな文化間での気質構造の比較を行っている（表 7-8）。その結果，気質の因子構造には文化差がほとんどないことがわかってきている。

temperament, Kagan, J., inhibited vs. un-inhibited または restricted vs. un-restricted

気　質　　171

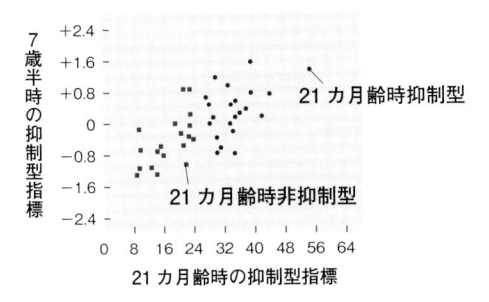

```
      +2.4 -
7     +1.6 -
歳     +0.8 -              ・  21カ月齢時抑制型
半      0  -
時    -0.8 -
の    -1.6 -        21カ月齢時非抑制型
抑    -2.4 -
制         0  8 16 24 32 40 48 56 64
型              21カ月齢時の抑制型指標
指
標
```

図7-7　月齢21カ月と7歳半のときの抑制傾向の指標
(Kagan, 1989)

表7-8　ロスバートによる気質の15尺度 (Ahadi et al., 1993)

積 極 性	楽しい予定があるときにそれを楽しみにする。
活 動 性	身体的な活動性のことで、駆け回ったり運動量が多い。
衝 動 性	あまり考えずすばやく衝動的に何かをする。
微笑みと笑い	奇妙なこと、おもしろいこと、冗談に反応する。
はにかみ	はじめての場所、人、ものになじむのに時間がかかる。
激しい喜び	興奮の強い喜び、ジェットコースターなどを喜び、珍しい経験を求める。
穏やかな喜び	静かな遊びを好む。
あやしやすさ	泣いたり不機嫌なときに、あやせば機嫌がよくなりやすい。
悲 し み	期待どおりにならないとき、大切なものがなくなったときに悲しむ。
恐　れ	いやなことを予期すると、むずがったり、ぐずぐずいったり、神経質になる。
不快・苦痛に弱い	興奮する状況にネガティブに反応しやすい。急に動いたり音がすると泣く、小さなけがで泣くなど。
欲 求 不 満	やっている最中で干渉されると不機嫌になる。遊びの最中、寝る時間になったときなど。
抑　　制	場にそぐわない行動がまんできる。
集 中 力	お絵かきやぬりえなどに集中力が続く。
知覚能力の感受性	ものの目立たぬ特徴（肌ざわり）など気づきやすく、鋭い。

Topic　相関係数と因子分析

相関係数，なかでも，積率相関係数（人名をとってピアソン相関係数ともいう）は，心理学でもっともよく用いる統計指標の一つである。この指標は，被検者1人から2つのデータがそろって測定できているときに算出され，−1から1までの値をとる（図7-8）。2つのデータがほとんど無関係のときには0に近い値となり，片方が増えれば他方も増えるという関係が密接なほど1に近く，片方が増えれば他方は減るという関係が密接なほど−1に近くなる。表7-9に，Y-G性格検査の特性のうち，7種類の特性尺度の相関係数を示した。

因子とは，このような相関の中で相互に関係しあっている変数の群である。因子を共有するものは，互いに高い相関をもっている。

表7-10a が，表7-9 の相関係数にもとづいて，2主成分（因子と主成分の区別は専門的なので本書では割愛する）を抽出した結果である。表7-10b は，解釈を容易にするために，それにバリマックス回転をかけるという，もっとも代表的な手法で因子を計算したものである（因子分析，主成分分析）。

表7-10b を見ると，この7種類の特性は，因子2つでおおむね説明できることがわかる。因子1は外向性，支配性，一般的活動性を主な要素とするので「外向性・支配性・活動性因子」と名づけることができる。因子2は神経質，回帰性傾向，抑うつ性などが負に負荷する因子で「のんきさ因子」とでも名づけることができるのである。

correlation coefficient, product-moment correlation coefficient, Pearson's correlation coefficient, factor, varimax rotation, factor-analysis, principal component analysis

気　質　　173

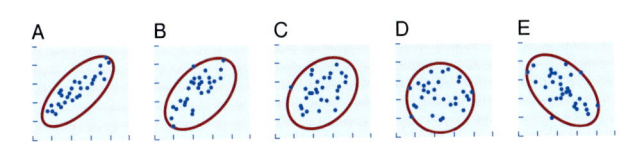

図7-8　相関係数
相関係数は A＝0.9，B＝0.6，C＝0.3，D＝0，E＝−0.7。

表7-9　Y-G性格検査尺度値（一部）の相関係数

	社会的外向	支配性	思考的外向	一般的活動性	神経質	回帰性傾向	抑うつ性
社会的外向	1						
支配性	0.53	1					
思考的外向	0.16	0.18	1				
一般的活動性	0.26	0.41	0.03	1			
神経質	−0.11	−0.13	−0.16	−0.02	1		
回帰性傾向	−0.06	−0.03	0.03	0.08	0.43	1	
抑うつ性	−0.12	−0.13	−0.07	−0.07	0.45	0.35	1

表7-10　Y-G性格検査尺度値（一部）の主成分分析

a：バリマックス回転前			b：バリマックス回転後		
	主成分1	主成分2		主成分1	主成分2
社会的外向	−0.63	0.44	社会的外向	0.76	0.10
支配性	−0.68	0.51	支配性	0.85	0.08
思考的外向	−0.32	0.13	思考的外向	0.32	0.13
一般的活動性	−0.43	0.53	一般的活動性	0.67	−0.01
神経質	0.62	0.53	神経質	−0.10	−0.81
回帰性傾向	0.45	0.62	回帰性傾向	0.09	−0.76
抑うつ性	0.60	0.47	抑うつ性	−0.13	−0.75

参考図書

丹野義彦(2003).性格の心理——ビッグファイブと臨床からみたパーソナリティ—— サイエンス社

詫摩武俊・瀧本孝雄・鈴木乙史・松井 豊(2003).性格心理学への招待[改訂版]——自分を知り他者を理解するために—— サイエンス社

　性格についての基礎理論から最新の話題までをわかりやすく解説した性格心理学の入門に最適の書。

対人関係　8

　人は他者との関わりの中で生きている。その関わりには同性としての魅力，異性としての魅力，リーダーシップ，説得，攻撃，援助，集団活動などがある。本章ではそのそれぞれについての社会心理学の研究成果を概観し，人間関係への洞察をふくらませたい。

対人魅力

人が人に感じる魅力を**対人魅力**という。社会心理学の実験では,初めて会った同性他者に対する魅力の規定因を研究対象とすることが多い。

対人魅力の主要な規定因として類似度があげられる。あらかじめ,実験参加者の社会的態度(死刑廃止に賛成か反対か,など)を調べておき,後日,「2人1組の実験に参加する」という目的で,実験室に来てもらう。そこで,初対面の実験パートナーに出会うことになっているが,それに先立ち,そのパートナー(実際には,実験に協力するサクラ)が記入した社会的態度がわかるようになっている。その回答内容を,被験者と類似度の高い内容にするか,低い内容にするかを作り分けておき(独立変数の操作),その後の,サクラに対する対人魅力を測るという実験をする。

このような研究によって,社会的態度の他,性格,社会経済的地位,体型など,広範な属性において,類似度の高い他者が魅力的に感じられるプロセスのあることがわかっている。

強化論がその説明原理として採用されている。人間は,いつも自分が正しくありたいという願望をもっており,自分が正しいことを示してくれる**合意妥当化情報**を求めている。自分自身と類似した態度や性格に接すると,合意妥当化のプロセスによって快適な感情が起こるので,その快適感情と対呈示されていた人物にポジティブな態度をもつようになるというプロセスである。類似他者に接すると実際に快感が生じていることは,生理的測定を用いた研究によってすでに示されている(図8-1,図8-2)。

この一連の研究に用いられた手法を,研究者の人名をとって**バーンのパラダイム**とか**類似度パラダイム**とよんでいる。彼らの

interpersonal attraction, consensual validation, Similarity Paradigm

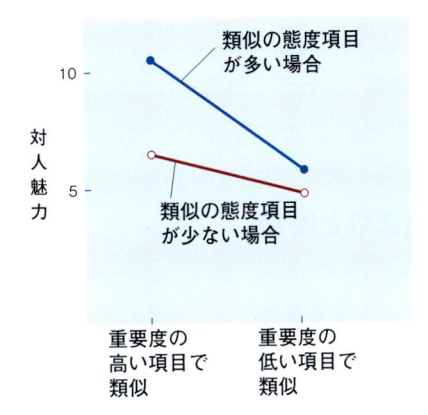

図 8-1 態度項目の重要度・類似度と対人魅力
(Byrne et al., 1970 を一部改変)

態度の中には，価値観的に重要度の高いものと低いものがある。重要度の高い態度での類似/非類似が対人魅力に大きな影響を及ぼすことがわかる。

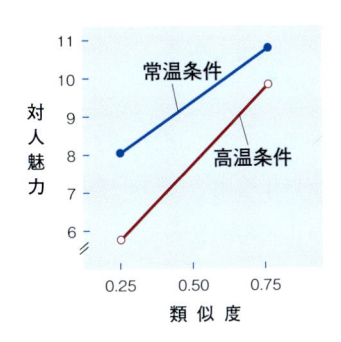

図 8-2 態度の類似度と室温（華氏）が対人魅力におよぼす影響
(Griffitt, 1970)

類似度パラダイムの実験を，常温で生理的に快適な条件で行った場合と，高温で生理的に不快な条件で行った場合で比べた実験結果である。生理的に不快な状況では，同じ条件でも対人魅力が低くなっている。このことから，類似度の対人魅力への規定力が強化論的プロセス（快－不快）で生じていることが推測できるのである。

一連の研究によって，対人魅力は，類似度のもとになった属性のセットサイズ（比較の対象となっている態度項目の数）に規定（**セットサイズ効果**）されず，類似項目の比によって規定されること，しかし，後で反証情報に接したときは，セットサイズの大きい場合のほうが対人魅力が安定していることなどがわかっている。

🔴 恋愛の始まりと終焉

　恋愛がどのようなカップルで始まりやすいかについては，**マッチング仮説**とよばれる仮説群がある。もっとも簡単な仮説は，男性と女性の身体的魅力（容姿の美しさ）が同程度の場合に恋愛が成立しやすいという仮説である。典型的には，コンピュータ・デート（コンピュータによるカップルの組合せ）を装った実験で，身体的魅力をさまざまに組み合わせて実験することになる。実験の結果は，身体的魅力のマッチングを支持するものもあればしないものもある。また，女性の身体的魅力と男性の自尊心の高さがマッチングするという仮説もあり，それを支持する研究も報告されている。

　恋愛の継続については，ルービンとペプロウの研究がよく知られる。恋愛中のカップルの両者について意見や家庭環境などの調査をしておき，さらに追跡調査をし，一定期間後も続いていたカップルとそれまでに別れていたカップルに分けて，カップル間の類似度を比べたのである。その結果，年齢，学力成績の要素，身体的魅力，などの属性的要素で，継続したカップルのほうが2人の間の類似度が高いことがわかった（**表8-1**）。

　さて，恋愛の終焉には，季節変動がある（**図8-3**）。アメリカでは夏休みに入る6月から9月にかけてが多い。日本では，年度が変わる3月から4月にかけてが多い。このことは，年度などに

set-size effect, matching hypothesis

表 8-1　別れなかったカップルと別れたカップルの類似度比較
(Rubin & Peplau, 1979)

		別れなかったカップルの類似度	別れたカップルの類似度
属性的特徴	年　　齢	0.38	0.13
	所得予定学位	0.31	0.17
	SAT；数学	0.31	0.11
	SAT；英語	0.33	0.15
	容姿の魅力	0.32	0.16
	父親の学歴	0.12	0.12
	身　　長	0.22	0.22
	宗教（同じ宗教の率）	51%	52%
価値観/態度	性 的 役 割	0.50	0.41
	ウーマンリブへの態度	0.36	0.43
	性行為への態度	0.27	0.21
	ロマンティック的傾向	0.21	0.15
	宗教的傾向	0.39	0.37
	欲しい子どもの数	0.43	0.57

別れなかったカップルと別れたカップルで，2人の類似度を比較したところ，年齢，所得予定学位，SAT（共通一次試験）の成績，容姿の魅力などの属性が類似しているほうが別れにくく，父親の学歴，身長，宗教の類似度はさほど影響しないことがわかった。また，価値観的な変数では，性的役割観，ウーマンリブへの態度，性行為への態度，ロマンティック的傾向の類似度が大切で，宗教的傾向，欲しい子どもの数などの類似度はあまり大切でないことがわかった。

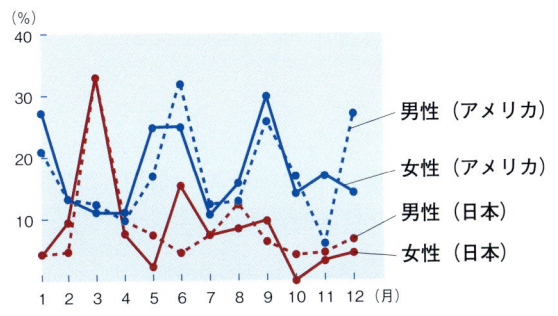

図 8-3　恋愛が終わった月を示すデータ
(Hill et al., 1976 と大坊, 1988 より作成)

アメリカ人大学生では，恋愛が終わるのは6月，9月が多い。それに対して，日本人大学生では，3月に集中している。

よる生活の変化を背景にして，恋愛の不適合が顕在化したり，あるいは，ふだんからうまくいっていない恋愛に，忙しい時期の助けを借りる形で終止符をうつ人が多いことを示している。

リーダーシップ

　リーダーシップのもっとも古典的な研究は，「民主型リーダーシップ」「独裁型リーダーシップ」「放任型リーダーシップ」を比較したリピットらによる研究である。その研究の結果を要約すると，つぎの2つのことがわかった（表8-2）。

1. 課題の達成度が高いのは，民主型リーダーシップと独裁型リーダーシップであった。

2. グループ内の人間関係は，独裁型リーダーシップのもとでは悪く，リーダーとフォロワーの関係も，また，フォロワー間の関係も悪化した。

　その結果，ある程度の成果をあげながら，人間関係が快適に維持されるのは，民主型リーダーシップだという結論をリピットらは出している。

　この有名な研究は，民主国家，全体主義国家などが対立していた世界情勢のもとで発表され，その後のリーダーシップ研究のひな型の一つになった。

　戦後，多くのリーダーシップ理論が発表されたが，それらに共通する要素は，課題の達成度の評価と人間関係である。一群のリーダーシップの理論の代表的なものの一つに，三隅二不二によるPMリーダーシップ理論がある（図8-4）。

　三隅は，リーダーシップをパフォーマンス機能（P）とメンテナンス機能（M）に分けて考えた。パフォーマンス機能は，仕事の質を指示したり，締め切りを思い出させたりする機能で，メン

leadership（democratic——, Laissez-faire——, dictatorial——）, PM leadership styles

表8-2 3種類のリーダーシップの特徴
（カートライトとザンダー（著）三隅・佐々木（訳編），1970より岡本作成）

独裁型リーダーシップ	● 方針はすべてリーダーが決定する。 ● 作業の要領と手順は，そのつど1つずつ権威的に命令する。そのため，集団からみると作業の先の見通しが悪い。 ● 指導者は通常，個々の作業課題を指令し，ペアの組合せなどもリーダーが決める。 ● リーダーは，メンバーの仕事を評価する際に，個人の主観をまじえる。リーダーは，実際の作業には参加しない。
民主型リーダーシップ	● あらゆる方策は集団討議で決定し，リーダーはこれに激励と援助を与えるだけである。 ● 作業の見通しは討議によって決定し，目標に達するための全般的な予定が作られる。助言が必要なときは，リーダーは2つ以上の方法を呈示して，その中から選択させる。 ● 集団内のペアの組合せなどは自由で，作業の分担は集団にまかせられる。 ● リーダーは客観的に仕事の評価をする。作業には差し出がましくない程度に参加する。
放任型リーダーシップ	● 集団としての決定も個人的決定もまったく放任して集団にまかせる。リーダーは最小限の参加をする。 ● 作業の材料などはリーダーが提供する。求められれば情報を与えるが，作業上の討議において，それ以上の役割は果たさない。 ● 実際の作業にはリーダーは参加しない。 ● 質問されない限り，リーダーは作業について意見を述べない。また，評価や調整の役も果たさない。

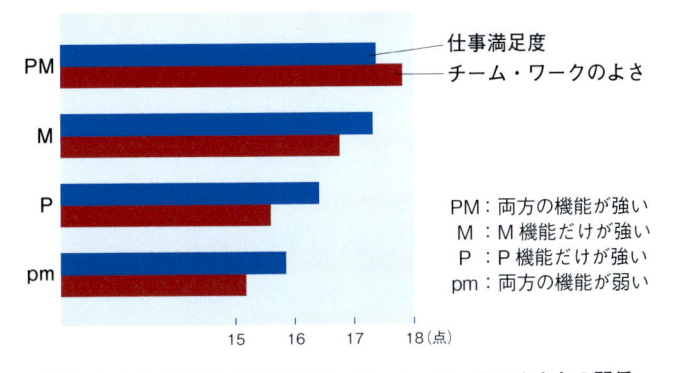

PM：両方の機能が強い
M ：M機能だけが強い
P ：P機能だけが強い
pm：両方の機能が弱い

図8-4 PM 4類型と仕事満足度，チーム・ワークのよさとの関係
（三隅，1986より作成）

テナンス機能は，人間関係の快適さを維持しようという機能である。パフォーマンス機能だけが強いリーダーシップスタイルをP型リーダーシップ，メンテナンス機能だけが強いリーダーシップスタイルをM型リーダーシップ，両方の機能をもつリーダーシップスタイルをPM型，両方の機能が弱いスタイルをpm型という。

説得のテクニックとその理論

1. フット・イン・ザ・ドア・テクニック……本来の説得目的と類似した事柄で，相手にとって負担の小さな説得（小要請という）をまず最初にして，その承諾の後に本来の要請を依頼する手法である。いきなり本来の要請をするよりも，同趣旨の小要請の後のほうが説得に応じる可能性が高くなることが知られている。この現象は，通常は，**認知的不協和**という原理によって説明されている。小要請に応じると，その要請応諾が自分の本来の態度とは相容れないという認知と，それにもかかわらず，応諾をしてしまったという認知が不協和を起こし，不快感を起こす。その不快感を解消するために，自分の態度を若干調整するために，同趣旨の要請に応じやすくなるという理論である。セールスマンが追い出されそうになっても，ドアの間に足をはさみ，「話だけでも聞いてください」と懇願し，話だけでも聞いてもらえれば（小要請），売り込みの確率が高くなるところから名づけられた（図8-5）。

2. ドア・イン・ザ・フェイス・テクニック……フット・イン・ザ・ドア・テクニックとは逆で，先に大要請を依頼し，わざわざ断らせ，断った罪悪感が消えないうちに本来の要請をすることによって，承諾を得ようとする手法。門前払いのことを英語で"Shut the door in the face"というところから名づけられた。

Foot-in-the-door technique, cognitive dissonance, Door-in-the-face technique

【小要請実行条件】
電話で，家事用具について簡単な質問をし，それに答えてもらった。

↓承諾率
52.8%

【小要請承諾条件】
電話で「家事用具について簡単な質問に答えていただけるでしょうか」とたずね，承諾が得られると，「お願いする場合はあらためてお電話します」と言って電話をきった。

↓承諾率
33.3%

【あいさつ条件】
「私どもの団体は，家事用具について調査をしていますので，どうかよろしく」と，あいさつだけした。

↓承諾率
27.8%

【事前コンタクトなし条件】
事前にコンタクトはとらず，大要請をいきなりした。

↓承諾率
22.2%

図 8-5　フット・イン・ザ・ドア・テクニックの実験
(Freedman & Fraser, 1966 より作成)

フリードマンとフレーザーの実験では，家庭の主婦を対象に「数人のスタッフがお宅へ伺い，押入れや戸棚の家事用具を全部出して，2時間ほど調べさせていただきたい」という，承諾が得られそうにない要請に先立って，上の4つの事前コンタクトを操作した。その結果，小要請の承諾によって，本要請の承諾率が上がるとともに，小要請を実行してもらうとさらに承諾率が高くなるという実験結果が得られた。

3. **ローボール・テクニック**……相手の値引き要求などに応じたふりをし，いったん，購入の意思などが相手に生じた後で，理由をつけて，もとの条件に戻しても，相手が意思を撤回することは少ないというテクニックである（図8-6）。倫理的な理由から，アメリカの自動車販売業界などでは禁止している。

攻撃行動の代理学習説

攻撃行動についての論争の一つに，テレビなどで攻撃的な場面をたくさん見ると攻撃性が高くなるかどうかという問題がある。これについて，つぎの2つの立場が対立している。

代理学習説　テレビなどの場面で，主人公などが，攻撃的な行動をした結果，自分の望む結果を手に入れるのを視聴すると，あたかも自分自身が攻撃的な行動によって報われたかのような認識をもつようになる。これを**代理学習**とよび，モデルとなる人物が得た結果を**代理強化**という。このプロセスがあるので，攻撃的なテレビ番組などは，攻撃性の高い人間を育てる役に立ってしまう。

バンデューラなどによる一連の実験は，子どもが攻撃的シーンの視聴の後，攻撃的な遊びを好むことを示している。ただし，この系列の典型的実験では，子どもがボボドール（起きあがりこぼしの人形）をなぐるかどうかを測定しており，人形をなぐるのを攻撃性の発露ととらえてよいかどうかなどについて，批判がある（p.66参照）。

カタルシス説　人間はふだんから欲求不満による攻撃性をたたえており，攻撃的なシーンを見ることは，その欲求不満を代理的に昇華する機会を与える。したがって，攻撃的番組の視聴は，むしろ，視聴者の日常生活における攻撃性発露を抑制する効果を

Low-ball technique, interpersonal aggression, vicarious learning, vicarious reinforcement, Bandura, A.

【統制条件】

「心理学の実験に100人の被験者が必要で、それに参加してくれる人を探しています。いま、水曜日と金曜日の朝7時から1時間の時間帯しか実験できないのですが、協力していただけませんか」と最初から本要請をする。

↓承諾率

31%

【ローボール条件】

「心理学の実験に100人の被験者が必要で、それに参加してくれる人を探しています。参加していただけますか」とたずね、承諾が得られた後、「じつは、水曜日と金曜日の朝7時から1時間の時間帯しかあいていないのですが、それでいいですか」と本要請をする。

↓承諾率

51%

図 8-6 ローボール・テクニックの実験
(Cialdini et al., 1978 より作成)

チャルディーニらの実験では、学寮の学生に電話で、朝早い時間の心理学実験の被験者要請を本要請として実験を行った。ローボール条件では、要請の内容の全貌がはじめはわからず、原則的に承諾してから、その負担が予想より重いことがわかるようになっている。統制条件では、要請の全貌がはじめからわかっている。図に見られるとおり、ローボール条件のほうが高い承諾率を引き出していることがわかる。

もっている。これが**カタルシス説**の主要な主張である。

この立場からは、この仮説を支持する実験結果が報告されている他、ポルノグラフィや攻撃的出版物を規制すると犯罪が増えることは、統計的事実であり、それもこの立場の強い根拠となっている。

🔴 援助行動（社会的干渉）

この研究分野のきっかけは、**キティ・ジェノヴィーズ**事件である。マンションの谷間の広場でキティ・ジェノヴィーズという女性がナイフでなぶり殺される事件が起こったとき、少なくとも38人のマンション住人がその一部始終を目撃していながら、誰も警察に連絡すらしなかった。これがきっかけになり、社会心理学者ラタネは、傍観者の人数が多いほど、援助が期待しにくいのではないかという、常識とは逆の仮説を立て、実験で実証した。

その実験では、2人1組の被験者がマーケット調査の質問紙に記入している最中に、その隣の部屋で、女性秘書の乗っているはしごが倒れ、その上から本が崩れ落ち、秘書が重い怪我をした可能性が推測できる「事故」が起こるようになっていた。その状況で、被験者が1人の場合と2人の場合では、援助に駆けつける確率が異なるか、援助に立ち上がるまでにかかる時間がどちらが短いかが実験のポイントになった。実験の結果、2人の場合のほうが**援助行動**が起こりにくく、さらに詳しい実験から、援助行動が起こりにくい順は、2人の片方が無関心をよそおうサクラの場合、2人が他人同士の場合、2人が友人同士の場合、1人の場合であることがわかった（図8-7，図8-8）。

これらの結果を総合的に考えると、この現象は、**同調過程**（社会的影響過程ともいう）と、**責任分散過程**の2つによって発生し

catharsis model, Kitty Genovese, helping behavior (social intervention, altruistic behavior, prosocial behavior), conformity process, diffusion of responsibility process

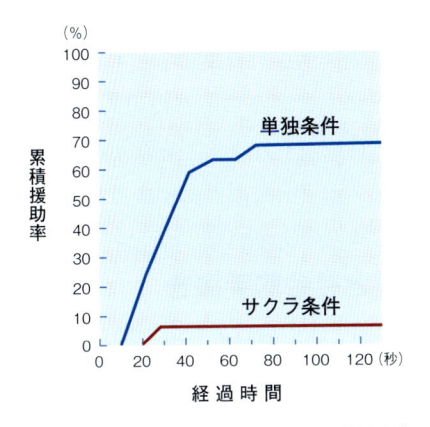

図 8-7　単独条件とサクラ条件での累積援助率
(Latané & Rodin, 1969；岡本, 1986)

助けを求めている女性を援助する確率は，サクラ条件のときのほうがはるかに低くなった。傍観者が多いほうが助けが得られにくい可能性が示唆されている。

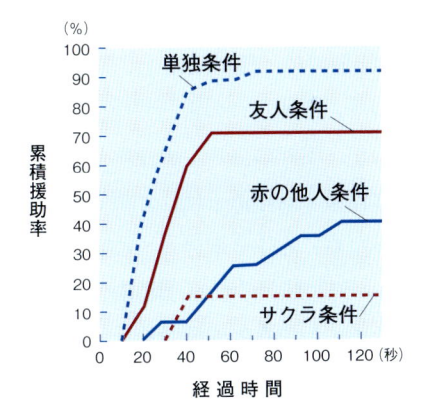

図 8-8　被験者が 2 人の場合の各条件の累積援助率
(Latané & Rodin, 1969；岡本, 1986)

単独条件・サクラ条件は図 8-7 にもとづく計算値（被験者の 1 人のデータを 2 人の場合に変換）。援助行動の抑制は，赤の他人同士の場合，友人同士の場合，単独の場合の順に強く起こった。

たのであろうと考えられる。人間は，状況がはっきりしないとき，他者の状況解釈に依存する同調傾向を示す。この場合，一緒にいる相手が平気そうにしていることへの同調が起こったのである。責任分散過程は，自分がやらなくとも誰かがやるだろうと考える過程である。ジェノヴィーズ事件の傍観者たちも，誰かが警察に電話したはずだろうと考えていた。

🔴 社会的促進と社会的手抜き

他者と一緒だと，1人の場合よりも行動が促進するのを**社会的促進**という。逆に，他者と一緒に作業すると，1人の場合に比べて，遂行量や仕事の質が低下するのを**社会的手抜き**という。

社会的促進が起こるプロセスについては多くの理論が提唱されている。代表的なものの一つは，**生理的喚起**による説明である。人が一緒にいると，生理的に測定できる程度の興奮をする（脈拍が速くなり，発汗し，呼吸数が上昇するとともに，呼吸が浅くなる）。生理的喚起状態では，**優勢反応**とよばれる行動が多くなることが知られており，課題遂行の量的側面が高くなるのはそのためであるというのが，喚起の立場での説明である。

複数人数による作業の効率低下は，作業そのものが複数でやるのに適していないために起こる部分と，心理的に社会的手抜きが起こる部分に分けることができる（図8-9）。社会的手抜きは，責任分散過程によって起こると通常考えられており，個人ごとの作業内容が把握可能な状況では起こりにくく，匿名性の高い状況では起こりやすいとされている（図8-10）。前項の援助行動の問題は社会的手抜きの一種だと考えることもできる。

社会的促進と社会的手抜きは，ほとんどいつも，異なる次元で同時に起こっていると考える研究者も多い。たとえば，人と一緒

social facilitation, social loafing, physiological arousal, dominant behavior

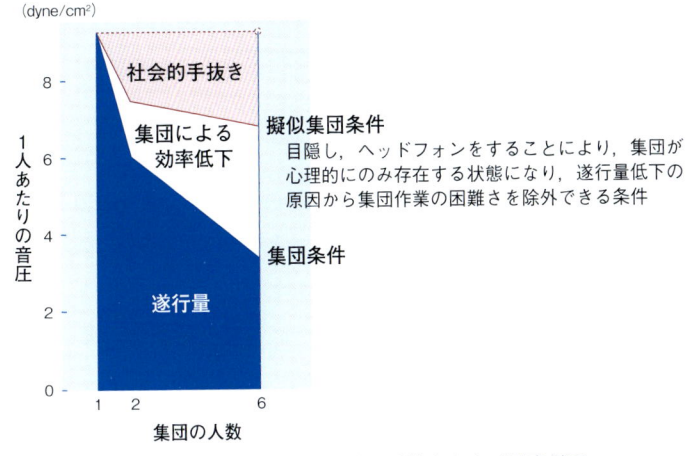

図 8-9 集団の大きさと社会的手抜きおよび効率低下
(Latané et al., 1979 を一部改変)

擬似集団条件：目隠し，ヘッドフォンをすることにより，集団が心理的にのみ存在する状態になり，遂行量低下の原因から集団作業の困難さを除外できる条件

実験参加者は，1人，2人，6人，それぞれの人数で，できるだけ大きな声を出してほしいといわれる。社会的手抜きと集団による効率低下，2つの要因により，人数が増えるほど，1人あたりの音圧は下がる。また，この実験で遂行量の低下の原因を社会的手抜きと集団による効率低下に区別することに成功した（dyne/cm^2 は 0.1 Pa（パスカル）に相当する）。

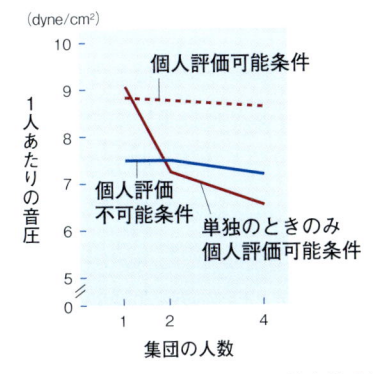

図 8-10 それぞれの人数における社会的手抜き
(Williams et al., 1981)

実験参加者は，1人，2人，4人，それぞれの条件で，できるだけ大きな声を出してほしいといわれる。個人ごとの音圧の評価が可能かどうかの認知によって社会的手抜きが起こるかどうかが決まる。

にやると，作業量の次元には社会的促進が起こって早く終わるけれど，正確さの次元には社会的手抜きによる低下が起こり，ミスが多くなるという具合である。

🔴 集団と集団，集団と個人

　集団間の関係について，社会心理学の初期の時期（1950年代）に，シェリフが行った一連のキャンプ実験がよく知られている。

　その実験では，11歳，12歳の男子をキャンプにつれていったが，最初の数日間は全体で生活をさせ，その後2つの班に分け，班の色のTシャツを着させた。班に分かれると，それぞれ班の中で自然に役割分担が決まっていった。2つの班で，野球，タッチフットボール，宝探しなどの競争をさせると，しだいに相手班に嫌なあだ名をつけて対抗心をむき出しにするようになった。そのうち，相手班の旗を焼くなどの激しい対抗をするようになった。それに伴い，それぞれの班の中の団結心は強まり，相手に対抗するためにリーダーを変更したり，やる気が高まったり，相互協力が高まったりした（図8-11）。

　2班の対抗があまりにも強くなったときに，今度は，その対抗心をやわらげるのにはどうしたらよいかが問題となったが，キャンプ場の水道設備に人工的な故障を起こさせて，2班合同で修理にあたったり，2班が一緒に映画を借りて上映する状況を作って，各班が映画のレンタル料金をどの程度負担すべきか，見たい映画をどうやって決めるかなどについて共同の話合いをさせたところ，班間の葛藤が弱くなることがわかった。これを<u>上位目標の効果</u>という（図8-12，図8-13）。

　1970年代になって，ロスバートを中心とする研究では，人の性格特性を推測する場合に，自分と同じ所属集団の人には，まだ

super-ordinate goal,　**Sherif, M.**

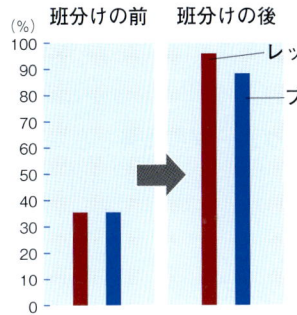

図 8-11 「キャンプで知り合った一番の友達」が自分と同じ班の割合
（Sherif et al., 1961 を一部改変）
班分けが友達の選択に影響していることがわかる。

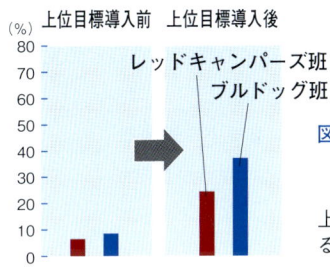

図 8-12 「相手班に友達がいる」と答えた割合
（Sherif et al., 1961 を一部改変）
上位目標導入によって相手班に友達がいると答える比率が上昇したことがわかる。

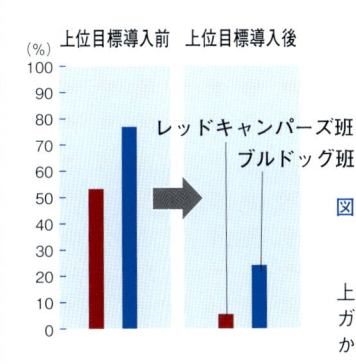

図 8-13 相手班に対する否定的評価の割合
（Sherif et al., 1961 を一部改変）
上位目標導入によって相手班に対するネガティブな評価が改善していることがわかる。

会っていない人であっても，好ましい特性を推測し，自分と異なる所属集団の人には好ましくない特性を推測する傾向があることが実験で明らかになった。所属の基準があまり重要でない基準のときでも，このような傾向がかなり安定して出ることがわかり，この違いは**イン・グループ−アウト・グループの差異**として知られている。

参考図書

チャルディーニ，R. B. 社会行動研究会（訳）（2007）. 影響力の武器　第2版──なぜ，人は動かされるのか──　誠信書房

村田光二・坂元　章・小口孝司（2008）. 社会心理学の基礎と応用（放送大学教材）　放送大学教育振興会

岡本浩一（1986）. 社会心理学ショートショート　新曜社

　対人関係についてよく知られている研究が臨場感豊かにまとめられている。

引用文献

【1章】

アメリカ心理学会（編）冨田正利・深澤道子（訳）(1996). サイコロジストのための倫理綱領および行動規範　社団法人日本心理学会

Atkinson, J., Braddick, O., & Moar, K. (1977). Development of contrast sensitivity over the first 3 months of life in the human infant. *Vision Research*, **17**, 1037-1044.

肥田野直 (1998). わが国の心理学実験室と実験演習——明治中期から昭和初期まで——　心理学評論, **41**, 307-332.

日本心理学会（編）(1980/1987). 日本心理学会五十年史［第一部・第二部］　金子書房

大山　正（監修）大泉　溥（編集主幹）『元良勇次郎著作集』刊行委員会（編）(2013-2015). 元良勇次郎著作集（第1～12巻，別巻）　クレス出版

大山　正・岩脇三良・宮埜壽夫 (2005). 心理学研究法——データ収集・分析から論文作成まで——　サイエンス社

Shepard, R. N., & Metzler, J. (1971). Mental rotation of three-dimensional objects. *Science*, **171**, 701-703.

内田勇三郎　内田クレペリン精神検査用紙　日本・精神技術研究所

【2章】

Bond, M. E., & Nickerson, D. (1942). Color order system, Munsell and Ostwald. *Journal of the Optical Society of America*, **48**, 709-719.

Bruner, J. S., & Miturn, A. L. (1955). Perceptual identification and perceptual organization. *Journal of General Psychology*, **53**, 21-28.

Fletcher, H. (1940). Auditory patterns. *Review of Modern Physics*, **12**, 47-65.

Gibson, J. J. (1950). *Perception of the visual world*. Houghton Mifflin.

Helmholtz, H. Von. (1911). *Handbuch der physiologische Optik*, 3 Aufl. 2 Bd. von Leonald Vos. (Translated and edited by J. P. C. Southall, 1924), *Treatise on physiological optics*. The Optical Society of America.

Johnson, G. (1973). Visual perception and biological motion and a model for its analysis. *Perception and Psychophysics*, **14**, 201-211.

Kanizsa, G. (1979). *Organization in vision : Essays on Gestalt perception*. Praeger Publishers.
　（カニッツァ, G.　野口　薫（監訳）(1985). カニッツァ 視覚の文法——ゲシュタルト知覚論——　サイエンス社）

Metzger, W. (1953). *Gesetze des Sehens*. Kramer.
　(メッツガー, W. 盛永四郎 (訳) (1981). 視覚の法則　岩波書店)
大山　正 (1994). 色彩心理学入門——ニュートンとゲーテの流れを追って——　中公新書　中央公論社
大山　正・田中靖政・芳賀　純 (1963). 日米学生における色彩感情と色彩象徴　心理学研究, **34**, 109-121.
Pfaffman, C. (1951). Taste and smell. In S. S. Stevens (Ed.), *Handbook of experimental psychology*. John Wiley. pp. 1143-1171.
Rubin, E. (1921). *Visuelle wahrgenommene Figuren*. Gyldendalske.
Tomita, T., Kaneko, A., Murakami, M., & Paulter, E. I. (1967). Spectral response curves of a single cones of the carp. *Vision Research*, **7**, 519-531.
Wald, G. (1945). Human vision and the spectrum. *Science*, **101**, 653-658.
Wertheimer, W. (1923). Untersuchungen zur Lehere von der Gestalt II. *Psychologishe Forschung*, **4**, 301-350.

【3章】

Bilodeau, E. A., Bilodeau, I. M., & Schumsky, D. A. (1959). Some effects of introducing and withdrawing knowledge of results early and late in practice. *Journal of Experimental Psychology*, **56**, 142-144.
Davis, M. (1970). Effects of interstimulus interval length and variability on startle-response habituation in the rat. *Journal of Comparative and Physiological Psychology*, **72**, 177-192.
Ebbinghaus, H. (1897/1902/1905/1919). *Grundzüge der Psychologie*. Verlag von Veit & Comp.
Jenkins, J. G., & Dallenbach, K. M. (1924). Obliviscence during sleep and waking. *American Journal of Psychology*, **35**, 605-612.
Miller, N. E. (1948). Studies of fear as an acquirable drive : I. Fear as motivation and fear-reduction as reinforcement in the learning of new responses. *Journal of Experimental Psychology*, **38**, 89-101.
Olton, D. S., & Samuelson, R. J. (1976). Remembrance of places passed : Spatial memory in rats. *Journal of Experimental Psychology : Animal Behavior Processes*, **2**, 97-116.
Peterson, J. (1917). Experiments in ball-tossing : The significance of learning curves. *Journal of Experimental Psychology*, **2**, 178-224.
Peterson, L. R., & Peterson, M. J. (1959). Short-term retention of individual verbal items. *Journal of Experimental Psychology*, **58**, 193-198.
Schwartz, B., & Reisberg, D. (1991). *Learning and memory*. W. W. Norton.
Squire, L. R., & Knowlton, B. J. (2000). The medial temporal lobe, the

hippocampus, and the memory systems of the brain. In M. S. Gazzaniga (Ed.), *The new cognitive neurosciences*. MIT Press. pp.765-779.

Tolman, E. C., & Honzik, C. H. (1930). Introduction and removal of reward, and maze performance in rats. *University of California Publications in Psychology*, **4**, 257-275.

梅本堯夫 (1969). 序論 八木 冕 (監修) 梅本堯夫 (編) 講座心理学7 記憶 東京大学出版会 pp.1-18.

梅本堯夫 (1978). 記憶としてみた知識構造の研究 昭和51, 52年度文部省科学研究費補助金一般研究B 研究成果報告書

梅本堯夫 (1979). 記憶範囲の測定 京都大学教育心理実験演習未発表資料

Watson, J. B., & Rayner, R. (1920). Conditioned emotional reactions. *Journal of Experimental Psychology*, **3**, 1-14.

Yerkes, R. M., & Morgulis, S. (1909). The method of Pawlow in animal psychology. *Psychological Bulletin*, **6**, 257-273.

Zimmerman, B. J. (1998). Developing self-fulfilling cycles of academic regulation : An analysis of exemplary instructional models. In D. H. Schunk, & B. J. Zimmerman (Eds.), *Self-regulated learning : From teaching to self-reflective practice*. Guilford Press. pp.1-19.

【4章】

Cerella, J. (1979). Visual classes and natural categories in the pigeon. *Journal of Experimental Psychology : Human Perception and Performance*, **5**, 68-77.

Fischer, R. (1971). A cartography of the ecstatic and meditative states. *Science*, **174**, 897-904.

Medin, D. L., Ross, B. H., & Markman, A. B. (2005). *Cognitive psychology*. 4th ed. Wiley.

高橋雅延 (2008). 認知と感情の心理学 岩波書店

Wason, P. C. (1966). Reasoning. In B. M. Foss (Ed.), *New horizons in psychology*. Penguin Books. pp.135-151.

【5章】

Ax, A. F. (1953). The physiological differentiation between fear and anger in humans. *Psychosomatic Medicine*, **15**, 433-442.

Bear, M. F., Connors, B. W., & Paradiso, M. A. (2007). *Neuroscience : Exploring the brain*. 3rd ed. Lippincott Williams & Wilkins.
(ベアー, M. F.・コノーズ, B. W.・パラディーソ, M. A. 加藤宏司・後藤 薫・藤井 聡・山崎良彦 (監訳) (2007). 神経科学――脳の探求―― 西村書店)

Cannon, W. B. (1927). The James-Lange theory of emotion : A critical examination and an alternative theory. *American Journal of Psychology*, **39**, 106-124.

Cannon, W. B. (1932). Again the James-Lange and theramic theories of emotion. *Psychological Review*, **38**, 281-295.

Cannon, W. B. (1932). *The wisdom of the body*. Norton.

Darwin, C. (1872). *The expression of the emotions in man and animals*. John Murray.
（ダーウィン, C. 浜中浜太郎（訳）(1931). 人及び動物の表情について 岩波文庫 岩波書店）

Ekman, P., Levenson, R. W., & Friesen, W. V. (1983). Autonomic nervous system activity distinguishes among emotions. *Science*, **221**, 1208-1210.

Fantz, R. L. (1961). The origin of form perception. *Scientific American*, **204**, 66-72.

Feinstein, J. S., Adolphs, R., Damasio, A.R., & Tranel, D. (2011). The human amygdala and the induction and experience of fear. *Current Biology*, **21**, 34-38.

Hariri, A. R., Tessitore, A., Mattay, V. S., Fera, F., & Weinberger, D. R. (2002). The amygdala response to emotional stimuli : A comparison of faces and scenes. *NeuroImage*, **17**, 317-323.

Harlow, H. F. (1950). Learning and satiation of response in intrinsically motivated complex puzzle performance by monkeys. *Journal of Comparative and Physiological Psychology*, **43**.

Heron, W. (1957). The pathology of boredom. *Scientific American*, **196**, 52-69.

平井　久（1992）. 情動と動機づけ　梅本堯夫・大山　正（編著）　心理学への招待——こころの科学を知る——　サイエンス社　p.137.

James, W. (1884). What is an emotion? *Mind*, **9**, 188-205.

Klüver, H., & Bucy, P. (1939). Preliminary analysis of functions of the temporal lobes in monkeys. *Archives of Neurology and Psychiatry*, **42**, 979-1000.

Maslow, A. (1954). *Motivation and personality*. Harper & Row.

中村　真（1994）. 感情——喜怒哀楽の諸相——　金澤忠博・佐藤浩一・清水聡・武田庄平・中村　真・待田昌二　こころをさぐる9つの扉　学術図書出版社　pp.99-115.

大山　正・櫻井正二郎・鎌田晶子（2005）. 形の象徴性の文化間比較　日本心理学会第69回大会発表論文集, 772.

Plutchik, R. (1986). *Emotion : A psychoevolutionary synthesis*. Harper & Row.

Russell, J. A., & Bullock, M. (1985). Multidimensional scaling of emotional facial expressions. *Journal of Personality and Social Psychology*, **48**, 1290-1298.

Schachter, S., & Singer, J. E. (1962). Cognitive, social and physiological determination of emotional state. *Psychological Review*, **69**, 379-399.

Schlosberg, H. (1941). A scale for the judgment of facial expressions. *Journal of*

Experimental Psychology, **29**, 497-510.

Schlosberg, H.（1952）. The description of facial expression in terms of two dimensions. *Journal of Experimental Psychology*, **44**, 229-237.

Schwartz, G. E., Fair, P. L., Salt, P., Mandel, M. R., & Klerman, G. L.（1976）. Facial muscle patterning to affective imagery in depressed and nondepressed subjects. *Science*, **192**, 489-491.

Yamada, H.（1993）. Visual information for categorizing facial expressions of emotion. *Applied Cognitive Psychology*, **7**, 257-270.

Young, P. T.（1963）. *Motivation of behavior, the fundamental determinants of human and animal activity*. Wiley.

【6章】

Boyd, H., & Fabricius, E.（1965）. Observations on the incidence of following of visual and auditory stimuli in naive mallard duckings. *Behaviour*, **25**, 1-15.

Goddard, H. H.（1912）. *The Kallikak family : A study in the heredity of feeblemindedness*. Macmillan.

Hess, E. H.（1959）. Imprinting. *Science*, **130**, 130-141.

平山宗宏（監修）（1988）．現代子ども大百科　中央法規出版

Kohlberg, L.（1967）. Moral and religious education and the public schools. In T. Sizer（Ed.）, *Religion and public education*. Houghton Mifflin.

Kohlberg, L., & Kramer, R.（1969）. Continuities and discontinuities in childhood and adult moral development. *Human Development*, **12**, 104.

Newman, H. H., Freeman, F. N., & Holzinger, K. J.（1937）. *Twins : A study of heredity and environment*. University of Chicago Press.

Ramsay, A. O., & Hess E. H.（1954）. A laboratory approach to the study of imprinting. *The Wilson Bulletin*, **66**（3）, 196-206.

トーマス，R. M. 小川捷之（監訳）（1985）．児童発達の理論ラーニングガイド　新曜社

矢野喜夫（1988）．刻印づけ　平山宗宏・高野　陽・野村東助・森上史朗・安藤美紀夫・田村健二・深谷昌志・柚木　馥（編）　現代子ども大百科　中央法規出版　pp.215-216.

【7章】

Ahadi, S. A., Rothbart, M. K., & Ye, R.（1993）. Childrens temperament in the US and China : Similarities and differences. *European Journal of Personality*, **7**, 359-377.

Bortner, R. W.（1969）. A short rating scale as a potential measure of pattern a behavior. *Journal of Chronic Diseases*, **22**, 87-91.

バス, A. H. 大渕憲一 (監訳) (1991). 対人行動とパーソナリティ 北大路書房
Buss, L. (1984). *A personality measure of formality*. Unpublished research. University of California, Berkeley.
Grossarth-Maticek, R., Eysenck, H. J., & Vetter, H. (1988). Personality type, smoking habit, and their interactions as predictors of cancer and coronary heart disease. *Personality and Individual Differences*, **9**, 479-495.
Kagan, J. (1989). Temperamental contributions to social behavior. *American Psychologist*, **44**, 668-674.
岡本浩一 (1988). 独自性欲求の男女差に関する基礎的研究 社会心理学研究, **3**, 56-60.
岡本浩一 (1991). ユニークさの社会心理学 川島書店
岡本浩一 (1998). 心臓病・肥満と性格 詫摩武俊 (編) 性格 日本評論社 pp.126-142.
和田さゆり (1996). 性格特性用語を用いた Big Five 尺度の作成 心理学研究, **67**, 63-64.

【8章】

Byrne, D., Ervin, C. R., & Lamberth, J. (1970). Continuity between the experimental study of attraction and "real life" computer dating. *Journal of Personality and Social Psychology*, **16**, 157-165.
カートライト, D.・ザンダー, A. 三隅二不二・佐々木薫 (訳編) (1970). グループ・ダイナミックス II 第2版 誠信書房
Cialdini, R. B., Cacioppo, J. T., Bassett, R., & Miller, J. A. (1978). Low-ball procedure for producing compliance : Commitment then cost. *Journal of Personality and Social Psychology*, **36**, 463-476.
大坊郁夫 (1988). 異性間の関係崩壊についての認知的研究 日本社会心理学会第29回大会発表論文集
Freedman, J. L., & Fraser, S. C. (1966). Compliance without pressure : The foot-in-the-door technique. *Journal of Personality and Social Psychology*, **4**, 195-202.
Griffitt, W. (1970). Environmental effects on interpersonal affective behavior : Ambient effective temperature and attraction. *Journal of Personality and Social Psychology*, **15**, 240-244.
Hill, C. T., Rubin, Z., & Peplau, L. A. (1976). Breakups before marriage : The end of 103 affairs. *Journal of Social Issues*, **32**, 147-168.
Latané, B., & Rodin, J. (1969). A lady in distress : Inhibiting effects of friends and strangers on bystander intervention. *Journal of Experimental Social Psychology*, **5**, 189-202.
Latané, B., Williams, K., & Harkins, S. (1979). Many hands make light the work :

The causes and consequences of social loafing. *Journal of Personality and Social Psychology*, **37**, 822–832.

三隅二不二 (1986). リーダーシップの科学 講談社ブルーバックス 講談社

Rubin, Z., & Peplau, L. A. (1979). Breakups before marriage : The end of 103 affairs. In G. Levinger, & O. C. Moles (Eds.), *Divorce and separation : Contexts, causes, and consequences*. The Society for the Psychological Study of Social Issues.

Sherif, M., Harvey, O. J., White, J. B., Hood, W. R. A., & Sherif, C. W. (1961). *Intergroup conflict and cooperation : The robbers cave experiment*. Norman, University of Oklahoma Institue of Intergroup Relations.

Williams, K., Harkins, S., & Latané, B. (1981). Identifiability as a deterrent to social loafing : Two cheering experiments. *Journal of Personality and Social Psycholgy*, **40**, 303–311.

人名索引

ア　行
アイゼンク（Eysenck, H.C.）　158
アックス（Ax, A.F.）　122, 123
アトキンソン（Atkinson, J.）　11
アドルノ（Adorno, T.）　160
アハディ（Ahadi, S.A.）　171
アリストテレス（Aristoteles）　4, 5

イタール（Itard, E.M.）　139

ヴァーノン（Vernon, P.E.）　152
ウィリアムズ（Williams, K.）　189
ウェイソン（Wason, P.C.）　95
ウェーバー（Weber, E.H.）　24
ウェルトハイマー（Wertheimer, M.）　5〜7, 34, 35
ウォルド（Wald, G.）　25
梅本堯夫　73, 75, 79
ヴント（Wundt, W.）　4〜8, 10

エクマン（Ekman, P.）　122
エビングハウス（Ebbinghaus, H.）　5, 80, 81
エリクソン（Erikson, E.H.）　146, 147

大山　正　15, 132, 133
オールトン（Olton, D.S.）　77
岡本浩一　159, 169, 187
オズグッド（Osgood, C.）　132

カ　行
カートライト（Cartwright, D.P.）　181
カニッツァ（Kanizsa, G.）　33

ギブソン（Gibson, J.J.）　39
キャノン（Cannon, W.B.）　110, 124, 126, 127
ギルフォード（Guilford, J.P.）　155, 166

クラウス（Klaus, M.H.）　140
グリフィット（Griffitt, W.）　177

クリューバー（Klüver, H.）　130
クレッチマー（Kretschmer, E.）　155
グロッサース=マティスク（Grossarth-Maticek, R.）　159

ケーガン（Kagan, J.）　170
ゲゼル（Gesell, A.L.）　143
ケンネル（Kennell, J.H.）　140

ゴールドバーグ（Goldberg, L.R.）　156
コールバーグ（Kohlberg, L.）　148, 149, 151
ゴッダード（Goddard, H.H.）　143

サ　行
サーストン（Thurstone, L.L.）　152

ジェームズ（James, W.）　5, 124
シェパード（Shepard, R.N.）　16, 17
シェリフ（Sherif, M.）　190, 191
ジェンキンズ（Jenkins, J.G.）　83
ジマーマン（Zimmerman, B.J.）　69
シャクター（Schactor, S.）　126
シュオルツ（Schwartz, B.）　59, 63
シュオルツ（Schwartz, G.E.）　124
シュロスバーグ（Schlosberg, H.）　128, 129

スキナー（Skinner, B.F.）　5, 6, 56
スクリプチャー（Scripture, E.W.）　8
スクワイア（Squire, L.R.）　79
スピアマン（Spearman, C.H.）　152

セリグマン（Seligman, M.E.P.）　60
セレラ（Cerella, J.）　99

ソーンダイク（Thorndike, E.L.）　56

タ　行
ダーウィン（Darwin, C.）　50, 121
大坊郁夫　179

人名索引

高橋雅延　103

チャルディーニ（Cialdini, R.B.）　185

デーヴィス（Davis, M.）　53

トーマス（Thomas, R.M.）　149
トールマン（Tolman, E.C.）　5, 6, 59
冨田恒男　29

ナ　行
ナイサー（Neisser, U.）　5
中村　真　127

ニューマン（Newman, H.H.）　143

ハ　行
バークリー（Berkeley, G.）　4, 5
バード（Bard, P.）　124, 126
ハートリー（Hartley, D.）　4, 5
ハーロウ（Harlow, H.）　113, 138
バーン（Byrne, D.）　177
バス（Buss, A.H.）　161
パフマン（Pfaffman, C.）　23
パブロフ（Pavlov, P.）　50
ハリーリ（Hariri, A.R.）　131
ハル（Hull, C.L.）　5, 6
バンデューラ（Bandura, A.）　184

ピアジェ（Piaget, J.）　144, 145
ピーターソン（Peterson, J.）　65
ピーターソン（Peterson, L.R.）　77
肥田野直　9
ヒューム（Hume, D.）　4, 5
平井　久　127
ヒル（Hill, C.T.）　179
ビロドー（Bilodeau, E.A.）　67

ファンツ（Fantz, R.L.）　115
フィッシャー（Fischer, R.）　91
フェヒナー（Fechner, G.T.）　4, 5, 26, 27
フリードマン（Freedman, J.L.）　183
フリードマン（Freedman, M.）　158
ブルーナー（Bruner, J.S.）　43
プルチック（Plutchik, R.）　120, 121, 123

フレッチャー（Fletcher, H.）　25
フロイト（Freud, S.）　5～7, 146, 147, 162, 163

ベアー（Bear, M.F.）　131
ヘス（Hess, E.H.）　137
ヘルムホルツ（Helmholtz, H.）　4, 5, 29
ヘロン（Heron, W.）　115

ボイド（Boyd, H.）　137
ボウルビィ（Bowlby, J.）　140, 142
ボートナー（Bortner, R.W.）　159
ホール（Hall, G.S.）　8
ボンド（Bond, M.E.）　31

マ　行
マズロー（Maslow, A.）　109
松本亦太郎　8, 9
マンセル（Munsell, A.H.）　30, 31

三隅二不二　180, 181
ミュラー（Müller, J.）　4, 5
ミラー（Miller, N.E.）　61

メッツガー（Metzger, W.）　41
メディン（Medin, D.L.）　103

元良勇次郎　8, 9

ヤ　行
ヤーキーズ（Yerkes, R.M.）　51
山田　寛　128, 129
ヤング（Young, P.T.）　111
ヤング（Young, T.）　4

ユング（Jung, C.G.）　154

ヨハンソン（Johansson, G.）　42

ラ　行
ラタネ（Latané, B.）　187, 189
ラッセル（Russell, J.A.）　128
ラムゼイ（Ramsay, A.O.）　137
ランゲ（Lange, C.）　124

ルービン（Rubin, Z.） 178, 179
ルビン（Rubin, E.） 32, 33

ローゼンマン（Rosenman, R.H.） 158
ローレンツ（Lorenz, K.） 136
ロスバート（Rothbart, M.） 171, 190

ロック（Locke, J.） 4, 5

ワ 行

和田さゆり 157
ワトソン（Watson, J.B.） 5〜7, 10, 55

事項索引

ア 行

アルゴリズム　93

意識　4, 10, 90
1次強化子　58
1次的要求　108
移調　63
一卵性双生児　142
イド　163
意味記憶　76
意味論　102
イメージ　96
色立体　30
陰影　38
イン・グループ―アウト・グループの差異　192
因子　172
因子分析　172
因襲主義　160
インプリンティング　136

ウェーバーの法則　26
ウェルニッケ失語　102
埋め込み図形検査　161
運動学習　49
運動性失語　102

エディプス・コンプレックス　163
エピソード記憶　78
エレクトラ・コンプレックス　163
演繹　94
援助行動　186

奥行き知覚　36
奥行き知覚の手がかり　36
恐れ　130
オペラント条件づけ　56
音韻ループ　76
音声言語　100

カ 行

回想的記憶　68
概念　96
概念学習　98
概念形成　98
概念達成　98
回避―回避型の葛藤　119
回避学習　60
解離　85
学習　46
学習解除　84
学習曲線　64
学習性無力感　60
学習方略　69
覚醒水準　90
仮現運動　40
重なり合い　38
過剰学習　64
カタルシス説　186
葛藤　119
カフェテリア実験　111
感覚　22
感覚運動期　145
感覚記憶　74
感覚遮断　114
感覚性失語　102
感覚の順応　23
間欠強化　58
観察学習　66
慣習的水準　149
感情　106
感情（気分）一致効果　72
観念　96

記憶　68
記憶痕跡　84
記憶術　84
記憶範囲　74
幾何学的錯視　37
気質　170
帰属説　126

既知感 80
キティ・ジェノヴィーズ 186
帰納 94
技能 49
気分 106
基本的動機 108
記銘 70
きめの勾配 38
逆向抑制 82
キャノン-バード説 126
嗅覚 22
強化 52, 58
強化子 58
教条主義 160
恐怖 130
虚記憶 82
ギルフォードテスト 166
近接の要因 34

空間知覚 36
具体的操作 144
具体的操作期 145
クリューバー-ビューシー症候群 130
群化 34

経験説 142
形式的操作 144
形式的操作期 145
系列再生 80
ゲシュタルト心理学 6
結果の知識 66
権威主義的人格 160
原型 96
言語 100
言語産出 102
言語理解 102
検査 12
顕在記憶 78
検索 72
検査者 12
減衰 84
健忘症 78

合意妥当化情報 176
効果の法則 56

後慣習的水準 149
好奇動機 112
攻撃行動 118, 184
口唇的人格 162
構成心理学 6
行動 2
行動主義 6
構文論 102
肛門的人格 162
五感（官）22
刻印づけ 136
心の中のイメージ 16
固執 118
固定 84
古典的条件づけ 50
語用論 101
コミュニケーション 100
コルテの法則 40
混色 28

サ 行

再学習 80
再構成 72, 80
再生 72, 80
彩度 30
再認 72, 80
錯覚 34
作動記憶 76
三段論法 94

シェイピング 62
ジェームズ-ランゲの末梢起源説 124
ジェンダー・スキーマ 168
自我 163
視覚 22
自我同一性 146
色円 30
色相 30
視空間的スケッチパッド 76
刺激閾 24
刺激頂 24
刺激般化 64
思考 92
試行錯誤 56
自己調整学習 68

事項索引

実験 10
実験協力者 12
実験群 14
実験参加者 12
実験者 12
実践的知能 145
質問紙 12
自伝の記憶 78
自動運動 40
自民族中心主義 160
社会化 138
社会的促進 188
社会的手抜き 188
社会的動機 108
ジャメビュウ 85
自由再生 80
従属変数 15
重要な他者 147
主観の輪郭 33
受検者 14
主成分分析 172
馴化 52
循環気質 155
順向抑制 82
上位目標の効果 190
生涯発達心理学 150
消去 52
状況に埋め込まれた学習 68
条件刺激 50
条件性強化子 60
条件性抑制(制止) 54
条件反応 52
象徴機能 96
情動 106, 120
情動条件づけ 54
情報源識別 82
初期経験 138
触覚 22
事例研究 14
新行動主義 6
心像 96
身体的変化 122
心的外傷 163
心的回転 16
心理学 2

心理社会的発達段階 146

図 32
錐体 28
スキーマ 78, 144
スクリプト 78
刷り込み 136

性器的人格 162
政治・経済的保守主義 160
精神物理学 4
精神分析学 6
精緻化 84
生得説 142
正の強化 61
生物学的運動 42
性別アイデンティティ 168
生理的喚起 188
生理的要求 110
責任分散過程 186
積率相関係数 172
接近―回避型の葛藤 119
接近―接近型の葛藤 119
セットサイズ効果 178
節約率 80
セマンティック・ディファレンシャル 13, 132
セマンティック・プロフィール 132
前意識 163
線遠近法 38
前慣習的水準 149
潜在学習 59
潜在記憶 78
前操作期 145
前操作的思考 144
全体報告法 74

相関係数 172
想起 72
操作 144
ソースモニタリング 82

タ 行
第1次循環反応 145
大気遠近法 38

事項索引

退行 118
第 3 次循環反応 145
代償行動 116
対人魅力 176
体制化 84
タイプ A 158
タイプ B 158
タイプ C 158
代理学習 184
代理強化 184
脱馴化 52
達成動機 112
単眼運動視差 38
短期記憶 74

地 32
知覚 22
知覚学習 49
逐次接近法 62
チャンク 74
中枢起源説 126
聴覚 22
長期記憶 76
調査 12
超自我 163
調節 36
貯蔵 72

対連合学習 80

手がかり再生 80
デジャビュウ 85
電気性皮膚反応 122
展望的記憶 68

ドア・イン・ザ・フェイス・テクニック 182
動因 48, 58, 106
投影 164
等価反応 98
動機 106
動機づけ 106
道具的条件づけ 56
洞察 56
統制群 14

同調過程 186
逃避 118
逃避学習 60
トークンエコノミー 60
独裁型リーダーシップ 180
特殊化した食欲 110
特性論的アプローチ 154
独立変数 15
トラウマ 163

ナ　行

内観法 2
慣れ 52

2 次強化子 60
2 次的スキーマ 145
2 次的要求 108
乳児の出会っている状況の的を絞る 141
ニューロイメージング 102
2 要因説 126
二卵性双生児 142
認知心理学 6
認知地図 59
認知的不協和 182

脳波 90
ノンレム睡眠 92

ハ　行

バーンのパラダイム 176
場依存性 161
白昼夢 92
罰 60
場独立性 161
バリマックス回転 172
般化 52, 64, 98
反射行動 145
反応競合 84
反応形成 62
反応時間 16
反応変動性 62
反復 64
反ユダヤ主義 160

ピアソン相関係数　172
被験者　12
ヒステリー気質　155
ビッグ・ファイブ　156
ヒューリスティックス　93
表象　96
表情　126
敏感期　138

ファシズム主義　160
フェヒナーの法則　26
フォールスメモリ　82
輻輳　38
輻輳説　142
符号化　70
フット・イン・ザ・ドア・テクニック　182
負の強化　61
部分強化　58
部分報告法　74
プライミング　72
フラストレーション　118
フラストレーション耐性　118
フラッシュバルブ記憶　72
プラトー（高原）　64
フロイトの心理-性的段階　147
ブローカ失語　102
プロトタイプ　96
文章完成テスト　164
文脈効果　43
分裂気質　155

閉合の要因　34
ペースを作る　141
変性意識状態　90
扁桃体　130
弁別　52, 64, 98
弁別閾　24
弁別学習　49, 64

崩壊　84
忘却　68, 84
忘却曲線　80
報酬　60
放任型リーダーシップ　180

方略　93
保持　72
保持曲線　80
母性剥奪　140
ホメオスタシス　110
ホルモンの影響　141

マ　行
マザリング　140
マッチング仮説　178
回り道行動　116

味覚　22
味覚嫌悪学習　56
民主型リーダーシップ　180

無意識　90, 163
無意味綴り　80
無条件刺激　50
無条件性強化子　58
無条件反応　50

命題　94
明度　30
メタ認知　69

網膜像の大きさ　38
目撃者の記憶　82
目標　116
文字言語　102
モデリング　66
問題解決　92

ヤ　行
矢田部-ギルフォード性格テスト　166
ヤング-ヘルムホルツの三色説　28

優勢反応　188
誘導運動　40

よい連続の要因　34
要求　48, 58, 106
抑圧　84, 163
抑制型と非抑制型　170
欲求　106

欲求不満　118
欲求不満耐性　118

ラ 行

リーダーシップ　180
リハーサル　70, 74
リビドー　162
両眼視差　38
臨界期　136, 138
臨床心理学　14

類型論的アプローチ　154
類似度パラダイム　176
類同の要因　34

レム睡眠　92
連合　4
連合主義　4

ローボール・テクニック　184
ロールシャッハ・テスト　164
ロッド・アンド・フレーム・テスト　161

ワ 行

ワーキングメモリ　76

英 字

KR　66
P-F スタディ　164
PM リーダーシップ理論　180
S 字形曲線　64
SD 法　13, 132
TAT テスト　164
Y-G 性格検査　166

執筆者紹介

梅本堯夫 (うめもと たかお) 【3章, 4章】

1948年　京都大学文学部哲学科卒業
1952年　京都大学大学院特別研究生
　　　　京都大学，甲南女子大学教授を歴任
　　　　京都大学名誉教授　教育学博士
2002年　逝去

主要編著書

『音楽心理学』（1966）
『記憶』（編）（1969）
『認知とパフォーマンス』（1987）
『子どもと音楽』（1999）
『心理学への招待［改訂版］』（共編著）（2014）

大山　正 (おおやま ただす) 【1章, 2章, 5章】

1951年　東京大学文学部心理学科卒業
1956年　東京大学大学院特別研究生修了
　　　　元東京大学教授　元日本大学教授　文学博士

主要編著書

『色彩心理学入門』（1994）
『視覚心理学への招待』（2000）
『実験心理学』（編著）（2007）
『心理学史』（2010）
『実験心理学への招待［改訂版］』（共編）（2012）
『心理学への招待［改訂版］』（共編著）（2014）

岡本浩一 (おかもと こういち) 【6章, 7章, 8章】

1980年　東京大学文学部社会心理学専修課程卒業
1985年　東京大学大学院社会学研究科社会心理学専門
　　　　第一種博士課程満期退学
現　在　東洋英和女学院大学人間科学部教授　社会学博士

主要著書

『社会心理学ショート・ショート』（1986）
『リスク心理学入門』（1992）
『「能力主義」の心理学』（1999）
『無責任の構造』（2001）

高橋 雅延 (たかはし まさのぶ) 【3章, 4章】

- 1981 年 京都教育大学教育学部教育学科卒業
- 1986 年 京都大学大学院教育学研究科博士後期課程満期退学
- 現　在 聖心女子大学文学部教授　教育学博士

主要編著書

『記憶における符号化方略の研究』(1997)
『記憶のふしぎがわかる心理学』(1999)
『感情と心理学』(共編著) (2002)
『認知と感情の心理学』(2008)
『変えてみよう！　記憶とのつきあいかた』(2011)
『心のかたちの探究』(共編) (2011)
『記憶力の正体』(2014)

臼井 信男 (うすい のぶお) 【p.130～131 Topic】

- 1990 年 日本大学文理学部心理学科卒業
- 1998 年 日本大学大学院文学研究科心理学専攻博士後期課程修了
- 現　在 東京医科歯科大学大学院医歯学総合研究科認知神経生物学分野
　　　　技術補佐員　博士（心理学）

主要著書

『あたりまえの心理学』(分担執筆) (2007)
『心理学概説』(分担執筆) (2014)

コンパクト新心理学ライブラリ 1

心理学 第2版
――心のはたらきを知る――

1999 年 12 月 10 日©	初 版 発 行
2014 年 2 月 10 日	初版第21刷発行
2014 年 4 月 25 日©	第2版第1刷発行
2017 年 3 月 10 日	第2版第6刷発行

著 者　梅 本 堯 夫　　　発行者　森 平 敏 孝
　　　　大 山 　 正　　　印刷者　山 岡 景 仁
　　　　岡 本 浩 一　　　製本者　小 高 祥 弘
　　　　高 橋 雅 延

発行所　株式会社 サイエンス社
〒151-0051　東京都渋谷区千駄ヶ谷1丁目3番25号
営業　☎(03) 5474-8500（代）　振替 00170-7-2387
編集　☎(03) 5474-8700（代）
FAX　☎(03) 5474-8900

印刷　三美印刷　　製本　小高製本工業
《検印省略》

本書の内容を無断で複写複製することは，著作者および出版者の権利を侵害することがありますので，その場合にはあらかじめ小社あて許諾をお求め下さい。

サイエンス社のホームページのご案内
http://www.saiensu.co.jp
ご意見・ご要望は
jinbun@saiensu.co.jp　まで．

ISBN978-4-7819-1338-4
PRINTED IN JAPAN

━━━━ コンパクト新心理学ライブラリ 既刊より ━━━━

1．**心理学　第2版**──心のはたらきを知る
　　梅本・大山・岡本・高橋共著　　四六判／224頁／本体1400円

2．**学習の心理**──行動のメカニズムを探る
　　実森正子・中島定彦共著　　　　四六判／216頁／本体1500円

4．**発達の心理**──ことばの獲得と学び
　　内田伸子著　　　　　　　　　　四六判／224頁／本体2100円

5．**性格の心理**──ビッグファイブと臨床からみたパーソナリティ
　　丹野義彦著　　　　　　　　　　四六判／264頁／本体1800円

7．**教育心理学　第2版**──より充実した学びのために
　　多鹿秀継著　　　　　　　　　　四六判／224頁／本体1600円

8．**乳幼児の心理**──コミュニケーションと自我の発達
　　麻生　武著　　　　　　　　　　四六判／216頁／本体1500円

9．**児童の心理**──パーソナリティ発達と不適応行動
　　森下正康著　　　　　　　　　　四六判／288頁／本体1900円

10．**青年の心理**──ゆれ動く時代を生きる
　　遠藤由美著　　　　　　　　　　四六判／176頁／本体1500円

11．**臨床心理学**──心の理解と援助のために
　　森谷寛之著　　　　　　　　　　四六判／240頁／本体1700円

12．**心理学研究法**──データ収集・分析から論文作成まで
　　大山・岩脇・宮埜共著　　　　　四六判／304頁／本体2200円

13．**情報処理心理学**──情報と人間の関わりの認知心理学
　　中島義明著　　　　　　　　　　四六判／264頁／本体2000円

14．**生理心理学　第2版**──脳のはたらきから見た心の世界
　　岡田・廣中・宮森共著　　　　　四六判／320頁／本体2300円

15．**心理学史**──現代心理学の生い立ち
　　大山　正著　　　　　　　　　　四六判／320頁／本体2200円

16．**実験心理学**──こころと行動の科学の基礎
　　大山　正編著　　　　　　　　　四六判／248頁／本体1850円

＊表示価格はすべて税抜きです。

━━━━━━━━━ **サイエンス社** ━━━━━━━━━